Elisabeth Engler

# DÖRREN UND TROCKNEN

## *für Einsteiger*

Elisabeth Engler

# DÖRREN UND TROCKNEN *für Einsteiger*

Über 100 herzhafte und süße Rezepte, um Lebensmittel haltbar zu machen

riva

**Bibliografische Information der Deutschen Nationalbibliothek**
Die Deutsche Nationalbibliothek verzeichnet diese Publikation in der Deutschen Nationalbibliografie.
Detaillierte bibliografische Daten sind im Internet über https://dnb.de abrufbar.

**Für Fragen und Anregungen**
info@m-vg.de

**Wichtiger Hinweis**
Ausschließlich zum Zweck der besseren Lesbarkeit wurde auf eine genderspezifische Schreibweise sowie eine Mehrfachbezeichnung verzichtet. Alle personenbezogenen Bezeichnungen sind somit geschlechtsneutral zu verstehen.

Originalausgabe
5. Auflage 2025

Türkenstraße 89
80799 München
Tel.: 089 651285-0



Redaktion: Caroline Kazianka
Umschlaggestaltung: Sonja Vallant
Umschlagabbildungen: Vorderseite: Shutterstock/nadianb; Shutterstock/Rimma Bondarenko; Shutterstock/Nelli Syrotynska; Rückseite: Shutterstock/Sergey Fatin; Anastasia_Panait; Shutterstock/NoirChocolate; Shutterstock/alisafarov
Layout und Satz: inpunkt[w]o, Haiger (www.inpunktwo.de)
Druck: Florjancic Tisk d.o.o., Slowenien
Printed in the EU

ISBN Print 978-3-7423-1520-5
ISBN E-Book (PDF) 978-3-7453-1191-4
ISBN E-Book (EPUB, Mobi) 978-3-7453-1192-1

# INHALT

# Die Welt des Dörrens und Trocknens

Dörren ist eine Konservierungsmethode, die bereits seit Jahrtausenden zur Verlängerung der Haltbarkeit von Lebensmitteln verwendet wird. Schon die Urvölker hatten diese Methode für sich entdeckt und trockneten essbare Wurzeln, Gräser, Früchte und Beeren auf Steinen ausgebreitet in der prallen Sonne. Auch das lebensnotwendige Fleisch, das nicht sofort verzehrt wurde, machten sie auf dieselbe Weise lange haltbar und konnten so in mageren Zeiten, in denen sie nichts Frisches fanden oder jagen konnten, überleben. Heute noch bedienen sich Naturvölker dieser Methoden. Fischer trockneten ihren Fang an der Luft, wie es in Skandinavien immer noch mit dem berühmten stark gesalzenen Stockfisch gemacht wird. Er ist nicht nur in seinem Herstellungsland sehr beliebt, sondern international, ganz besonders in Italien.

Früher konnte man sich ja nicht der heutigen Kühl- und Gefriergeräte bedienen und musste sich anders behelfen. Kühlung, also die Lagerung auf Eis, war besonders in wärmeren Gegenden oder in den warmen Jahreszeiten ein Luxus: Nur reiche Leute konnten sich das leisten. Doch auch dem waren schließlich Grenzen gesetzt, und so erfreute sich das Trocknen großer Beliebtheit.

Beim Tiefkühlen wird nicht nur für das Gefrieren selbst Energie in Form von elektrischem Strom benötigt, sondern vor allem auch für die monatelange Lagerung, was in der heutigen Zeit von umweltbewussten Menschen nicht besonders geschätzt wird. Daher kehrt das Bewusstsein für das Einlagern und die natürliche Behandlung von Lebensmitteln bei einigen Menschen wieder zurück. Die Entwicklung der Dörrapparate und deren steigende Beliebtheit beweisen das. Doch auch ohne entsprechende Apparaturen können Lebensmittel getrocknet werden, es dauert allerdings länger, und gerade Früchte oder Fleisch, also leicht verderbliche Waren, erfordert dann besondere Aufmerksamkeit. Im Dörrgerät oder Backofen geht das wesentlich leichter.

## Was bewirkt das Dörren?

Die Methode Trocknen oder Dörren an sich ist simpel: Wasser bzw. Feuchtigkeit ist zumeist derjenige Anteil in Lebensmitteln, der für den Verderb verantwortlich ist. Bei zu langer Lagerung entsteht Schimmel, und Fäulnisbakterien siedeln sich an. Ein weiterer Verbrauch kann dann lebensgefährlich sein. Durch Entzug von möglichst viel Wasser, der im entsprechenden Stoff enthalten ist, kann die Haltbarkeit wesentlich verlängert werden. Doch dafür bedarf es eines recht hohen Wasserentzugs: Denn Fäulnisbakterien bzw. die dafür verantwortlichen Mikroorganismen halten sich ab etwa 35 Prozent Wasseranteil, Schimmelpilze tummeln sich bereits ab 15 Prozent gerne in unseren Lebensmitteln.

In der Regel werden Lebensmittel beim Trocknungsverfahren wenig oder gar nicht (Lufttrocknen oder an der Sonne) zusätzlich erhitzt, beim Dörren im Automaten nur leicht mit warmer Luft »geföhnt«. Dadurch bleiben fast alle Mineralstoffe und viele der Vitamine erhalten (ab gut 40 °C schwinden diese allerdings). Sauerstoff-, licht- und wärmeempfindliche Vitamine wie Vitamin C und manche B-Vitamine gehen beim Trocknen etwa zur Hälfte verloren, bei B-Vitaminen sind es zwischen 10 und 40 Prozent. Fettlösliche Vitamine wie Vitamin A sind relativ temperaturunempfindlich.

Die niedrige Temperatur bedingt allerdings, dass es einige Zeit in Anspruch nimmt, um Früchten und Gemüse die enthaltene Feuchtigkeit zu entziehen. Gut Ding braucht eben Weile!

Und so funktioniert das Dörren: Das Trockengut wird vorab zerkleinert, dadurch werden die Oberfläche und der Querschnitt verringert. In den Geräten wie Backofen oder Dörrautomat oder an einem luftigen Ort wird dann viel warme Luft darüber verwirbelt. Das in den äußeren Schichten enthaltene Wasser trocknet ab, in den unteren Schichten liegendes wird nachtransportiert und verdunstet ebenfalls. Dieser Vorgang wiederholt sich so lange, bis idealerweise alle Feuchtigkeit verdunstet ist oder der Wassergehalt zumindest auf unter 15 Prozent sinkt. Je trockener das Dörrgut wird, desto spröder wird es auch, das heißt, es bricht schnell. Wir empfinden das gerade bei

Snacks als knackig und mögen es meist sehr gerne. Wer eher gummibärenartig getrocknete Früchte bevorzugt, verkürzt die Trocknungszeit etwas.

Vor allem Obst hat bekanntlich einen hohen Zuckeranteil. Die Trocknung reduziert den Gehalt von Wasser, aber nicht von Zucker, weshalb getrocknete Früchte besonders süß schmecken und durch den konzentrierten Zuckergehalt auch gut haltbar sind. Sogar besser, als es Gemüse mit demselben Feuchteanteil wäre, allerdings nimmt das Aroma mit zunehmender Lagerung ab.

Daher wird Gemüse immer komplett durchgetrocknet, bis es nicht mehr biegsam ist, sondern richtig hart. Vor dem Kochen wird es dann in Wasser eingeweicht, sodass es sich damit vollsaugen und dann weiterverarbeitet werden kann. Oder es wird etwas länger in einer Suppe oder Sauce mitgekocht, bis es weich ist.

Gerade bei Früchten und Gemüse mit sehr hohem Wassergehalt (z. B. Melone, Tomaten) dauert es sehr lange, wenn man versucht, sie an der Luft zu trocknen. Daher wird der Trocknungsvorgang in der Regel durch Nutzung einer Wärmequelle beschleunigt. Das kann die Sonne, der Backofen, die unmittelbare Umgebung eines Kachelofens (Umgebungswärme) sein, aber auch moderne Hilfsmittel wie Umluftbacköfen und Dörrgeräte.

# Was eignet sich gut zum Dörren?

Durch das Dörren wird zusätzlich zum Konservierungseffekt noch eine Veredelung erzielt. Jeder, der bereits einmal getrocknete Früchte gekostet hat, wird feststellen, dass sich Aromen und Zuckergehalt verstärken. Das Gleiche gilt auch für Gemüse, das zwar weniger Zucker aufweist, aber ebenfalls viel Wasser (deshalb ist es besonders kalorienarm). Getrocknet schmeckt es bedeutend intensiver, was gerade bei getrockneten Gemüsechips, die mit keinem oder nur sehr wenig Öl zubereitet werden, zur Geltung kommt.

Die meisten Trockenfrüchte aus dem Handel werden für eine verlängerte Haltbarkeit und zum besseren Erhalt der Farbe geschwefelt, was nicht gerade gesund ist. Selbst gedörrtes Obst ist dagegen unbehandelt, was allerdings dazu führt, dass es seine Farbe verändert. Besonders offensichtlich wird das bei Bananen, die braun werden können, oder bei Aprikosen, die ihre schöne orange Färbung verlieren.

Nicht nur Früchte und Gemüse lassen sich wunderbar trocknen und zu Frucht- oder Gemüseleder verarbeiten, altbekannt sind die oft auf Schnüren in langwieriger Arbeit aufgehängten Pilze. Im Dörrautomaten oder Backofen geht das viel einfacher und schneller. Ein kulinarisches Highlight sind auch sogenannte Beef Jerkys, vereinfacht gesagt Trockenfleisch. Wurde früher nur meist stark gesalzenes Fleisch (sowie auch

Fisch) für den Vorrat gedörrt, sind heute viele Firmen gerade im Mittelmeerraum damit beschäftigt, allerlei verschiedene Schinken kontrolliert an der Luft zu trocknen. Die nach den folgenden Rezepten zubereiteten Fleischstreifen können da geschmacksmäßig durchaus mithalten. Das Fleisch und auch Fisch werden vorab mit unterschiedlichen Kräutern und Gewürzen mariniert und dann einige Stunden getrocknet, bis es schön knusprig und geschmackvoll ist. Das ergibt einen großartigen Snack zum Beispiel für Wanderungen oder einen kalorienarmen Begleiter zu Bier und Wein beim Fernsehabend.

Neben Rezepten für das Trocknen von Früchten, Gemüse, Fisch und Fleisch finden Sie in diesem Buch einige Vorschläge für geschmackvolle Teemischungen und gesunde Müsliriegel. Diese werden nicht gebacken, sondern nur schonend getrocknet, und sind somit echte Energiebringer, die gleichzeitig der Verdauung guttun. Auch zumeist glutenfreie »Brote« und Cracker aus Samen, Nüssen und Kräutern als Brotersatz oder zur Ergänzung des Speiseplans werden vorgestellt. Darüber hinaus Würzpulver und Kräutersalze, die Ihnen beim Kochen gute Dienste leisten und in einer gesunden und leckeren Küche nicht fehlen dürfen.

Ob als Geschmacksverstärkung für Saucen und Gerichte oder schnelle Mahlzeit, mit den Würzmitteln und Instantsuppen aus eigener Herstellung haben sie aromatische Basishilfsmittel zur Hand, die ganz ohne synthetische Zusätze und Haltbarmacher auskommen.

Und natürlich kommen die Haustiere ebenfalls nicht zu kurz: Denn auch für Ihre Lieblingsvierbeiner sind einige Rezepte enthalten.

Und ganz zum Schluss gibt es noch einige Extratipps für den Einsatz des Dörrautomaten.

## Vor- und Nachteile der Dörrmethode

**Vorteile:**

- Mineralstoffe und Vitamine bleiben größtenteils erhalten (abhängig von der Trocknungsdauer und Temperatur).
- Die Lebensmittel verlieren stark an Gewicht und Volumen, wodurch sie platzsparend gelagert werden können.
- Auch große Mengen – zum Beispiel aus der Ernte im eigenen Garten – können gut verarbeitet und bevorratet werden.
- Der veränderte und konzentrierte Geschmack sorgt für mehr Vielseitigkeit.
- Getrocknete Lebensmittelt können Sie (je nach Trocknungsgut) ohne großen Qualitätsverlust bis zu einem Jahr im Vorrat aufbewahren.

**Nachteile:**

- Das Trocknen dauert relativ lange.
- Ohne Dörrapparat oder Backofen brauchen Sie viel Platz zum Trocknen der Lebensmittel, und es funktioniert nur bei niedriger Luftfeuchtigkeit.
- Je nach Dörrgut und Trocknungsgrad wird viel Strom verbraucht (vor allem im Backofen).
- Der Konservierungseffekt ist nicht von Dauer. Bakterien und Mikroorganismen wird die Lebensgrundlage durch die Trocknung zwar entzogen, sie werden an sich aber nicht zerstört, wie es zum Beispiel beim Einkochen der Fall ist.

## Kleine Gerätekunde oder: Brauche ich einen Dörrautomaten?

Warum sollte man sich schon wieder ein neues Gerät anschaffen, das Platz in der Küche beansprucht? Eigentlich geht es mit dem Backofen oder an einem sonnigen und luftigen Plätzchen im Garten oder auf dem Balkon doch ebenso gut. Wer oft und viel dörrt, merkt allerdings schnell, dass man sich um das Trocknungsgut gut kümmern muss, wenn es außerhalb eines Automaten dörren soll. Und die meisten Dörrgeräte arbeiten recht stromsparend (besonders beim Trocknen im unteren oder mittleren Temperatursegment), gerade im Vergleich zu anderen Geräten wie Gefrierschränken, Gefrierkombinationen und Einkochgeräten. Außerdem kann man Lebensmittel durchaus noch an der Luft nachtrocknen lassen, sofern es draußen nicht gerade feucht ist oder regnet.

### Dörrautomaten

Bei den Dörrgeräten unterscheidet man das Einschub- und das Stapelprinzip. In beiden Fällen darf das Dörrgut nicht aufeinanderliegen und sich am besten nicht berühren.

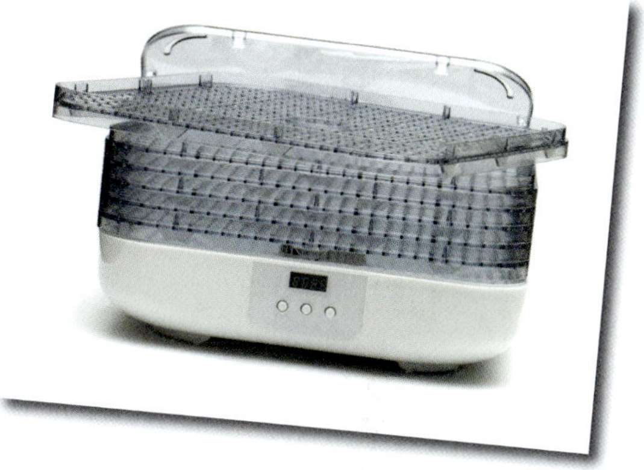

Beim Stapelprinzip werden in den runden oder eckigen sowie ovalen Geräten mehrere Lagen fester (oft durchsichtiger) Dörrschalen oder Dörrgitter, je nach Modell, aufeinandergestapelt. Sie sind meist aus Kunststoff (am besten BPA-frei), aber auch in Edelstahl oder Teil-Edelstahl erhältlich. Die Luft wird von einem unten sitzenden Motor erhitzt und mittels Ventilator von unten nach oben zirkuliert. Gerade bei preiswerten Geräten kommt es dabei dazu, dass die unteren Luftschichten wesentlich wärmer als die oberen sind und daher das Dörrgut bzw. die Schalen öfters umgeschichtet (gewechselt) werden müssen, um gleichmäßig durchtrocknen zu können. Der Temperaturunterschied zwischen den einzelnen Lagen ist oft enorm. Gute Geräte müssen also über einen leistungsstarken Ventilator verfügen sowie über stabile und möglichst spülmaschinenfeste Schalen. Edelstahl (bzw. zumindest die Gitter aus Edelstahl) hat sich hier als besonders geeignet und langlebig herausgestellt und lässt sich gut und gründlich säubern. Zusatzfunktionen wie eine integrierte Zeitschaltuhr, ein stufenlos oder höchstens in Fünf-Grad-Schritten einstellbarer Temperaturregler, ein Temperaturbereich von mindestens 35, besser 30 °C (z. B. für das Gehenlassen von Sauerteig oder die Herstellung von Joghurt) bis 70–75 °C (besonders für Fleisch), außerdem genügend Dörrfläche, eine ausreichend kräftige Wattzahl und ein gutes Handling dürften neben dem Preis und der Qualität die wichtigsten Anhaltspunkte für die Auswahl eines eigenen Gerätes sein.

Die meisten eher preiswerten Geräte sind aus Kunststoff und arbeiten nach diesem Prinzip. Bei manchen Geräten kann man zusätzliche Ebenen nachkaufen und sie damit höher stapeln, was aber in der Regel hinsichtlich des Wärmeaustausches, der nicht gleichzeitig gesteigert wird, sondern derselbe bleibt, wenig sinnvoll ist.

Geräte mit dem Einschubprinzip sind meistens professioneller – und auch teurer. Die Ventilatoren (bei größeren Geräten sind das oftmals zwei oder sogar drei) sitzen zumeist seitlich oder hinter den Dörrebenen. Am angenehmsten ist es, wenn man das Dörrgut während der Trocknung durch eine Glastür sehen und kontrollieren kann. Die Einschubebenen sind meist aus Edelstahl und sollten mindestens fünf oder sechs Gitter haben. Hier können keine zusätzlichen Dörretagen gekauft bzw. benutzt werden, dafür ist die Warmluftzirkulation bei einem guten Gerät sehr viel besser und gleichmäßiger als bei den Stapelgeräten.

*Tipp:*

Mithilfe eines Infrarotthermometers lassen sich übrigens Temperaturunterschiede der einzelnen Ebenen sehr gut nachmessen und die Dörrzeiten bzw. Temperaturen ggf. anpassen.

## Backöfen

In jedem Haushalt gibt es normalerweise einen Backofen, den man ebenso zum Trocknen einsetzen kann. Eine Voraussetzung für schonendes Dörren sind dafür vor allem niedrige Temperaturen und möglichst eine Umluftfunktion. Die neueren Modelle haben meist beides und können daher gerade bei selteneren Einsätzen oder zum Ausprobieren gut genutzt werden. Die Backbleche fassen ja sogar relativ viel Dörrgut, und wenn man einen Kochlöffel in die Ofentür klemmt, kann man gerade größere Mengen gut trocknen. Voll beladene Backbleche dabei oft durchmischen!

Die Rezepte sind alle für den Dörrautomaten beschrieben, lassen sich aber genauso gut auch im Backofen zubereiten. Dazu die gleiche Temperatur wählen, einen Kochlöffel in die Ofentür klemmen und das Dörrgut trocknen lassen.

Ein nicht unerheblicher Nachteil ist allerdings der relativ hohe Stromverbrauch, schließlich muss der Ofen meistens viele Stunden, manchmal sogar die ganze Nacht (oder den Tag) durchlaufen. Dafür ist keine Neuanschaffung nötig, und man braucht keinen zusätzlichen Stauraum für ein Gerät.

### Trocknen an Luft und Sonne

Die Sonne wurde wie bereits erwähnt schon in Urzeiten als »Trockner« für Lebensmittel genutzt. Sie kostet gar kein Geld und verbraucht keinen Strom, daher ist sie ökologisch betrachtet natürlich die schonendste Trocknungsmethode. Die Sonne spendet die nötige Wärme, und die über die Lebensmittel streichende Luft sorgt zusätzlich für Wasserentzug. Dafür ist jedoch nicht nur die entsprechend starke Sonneneinstrahlung nötig und auch genug Platz im Freien (am besten überdacht und luftig), sondern das, was in unseren Breiten eher selten ist, nämlich die gleichmäßige und lang andauernde Bestrahlung bzw. Wirkung des Sonnenlichts. Sobald es regnet, wird die Luftfeuchtigkeit wieder hoch, und es kann zu Schimmelbildung kommen. Die Luft- bzw. Sonnentrocknung bedarf daher einer besonderen Aufmerksamkeit und Pflege. Nicht jedes Lebensmittel verträgt direkte Sonne, gerade zarte Blüten und Kräuter mögen es lieber schattig und luftig. Die Sonne verbrennt sie sogar, sie werden braun, unansehnlich, die Inhaltsstoffe werden großteils zerstört, und der Geschmack leidet.

Eine Alternative stellt daher die Trocknung im Innenbereich dar, gerade im Herbst oft in der Nähe einer Wärmequelle wie der Heizung oder eines Holzofens. Hier gilt: viel Luft, oft wenden, Staubablagerungen durch Abdecken verhindern und Geduld mitbringen, denn es dauert wesentlich länger als im Dörrautomaten oder Backofen. Das Dörrgut auf jeden Fall gut verteilen und niemals aufeinanderlegen.

## Basics zum Dörren

Sie haben sich ein Dörrgerät besorgt oder möchten es einfach einmal mit Ihrem Backofen ausprobieren? Dann kann es ja losgehen. Dörren ist ja wirklich ganz einfach, im Grunde werden nur Lebensmittel entfeuchtet.

Was eignet sich? Natürlich Gemüse, Kräuter und Früchte, aber auch Fleisch, Fisch, Krabben, Käse, Salat, Gurken, Tofu und selbst Joghurt lassen sich dörren und so konservieren bzw. herstellen.

Am besten besorgen Sie sich unbehandelte Früchte und Gemüse aus biologischem oder natürlich eigenem Anbau. Denn in und unter den Schalen stecken oft die meisten Mineralstoffe und Vitamine. Ist Schälen nötig, um Reste von Spritzmitteln oder Dünger zu entfernen, verringert sich auch der Anteil an guten Inhaltsstoffen. Wer selbst anbaut, ist hier im Vorteil. Doch auch beim Discounter kann man mittlerweile viele Bio-Sorten kaufen, in Bioläden sowieso. Denken Sie auch an Wochenmärkte und Bauernhofläden, in denen man frische und qualitativ hochwertige Waren bekommt.

Unreifes Obst und Gemüse eignen sich im Übrigen nicht, um gute Ergebnisse zu erzielen. Doch auch überreife, matschige Früchte sind nicht optimal.

**Merke:**
Je besser eine Frucht schmeckt und je aromatischer das Gemüse ist, desto besser wird auch das Trockengut.

### Vorbereitung von Trocknungsgut

Zunächst einmal sollten Sie überlegen, welche Lebensmittel Sie zusammen dörren oder ob Sie nur eine Sorte in größerer Menge trocknen wollen. Wer einen Dörrapparat oder einen Backofen benutzt, sollte ihn immer vollständig befüllt laufen lassen, das schont Umwelt und Geldbeutel (Energiekosten).

Werden sehr unterschiedliche Sorten zusammen getrocknet, ist das im Prinzip zwar kein Problem, Sie müssen nur immer wieder prüfen, was bereits fertig ist, was gedreht werden sollte und ob die Etagen durchgewechselt werden müssen (je nach Geräteart). Das ist allerdings nicht besonders sinnvoll, weil jedes Mal beim Öffnen der Tür oder der Dörretagen warme Luft entweicht und danach erst einmal wieder aufgeheizt werden muss. Deshalb ist es besser, Dörrgut zu kombinieren, das einen ähnlichen Wassergehalt aufweist, aber auch in Größe oder Dicke der Stücke ähnlich vorbereitet werden kann.

Je nachdem, ob Sie Bio-Lebensmittel verwenden oder nicht, muss das Trockengut erst gewaschen und anschließend geschält werden. Wenn das Obst oder Gemüse mit Schale verarbeitet werden kann, sollte es nach dem Waschen mit einem Tuch trocken getupft werden. Danach schneiden Sie alles in wunschgemäße Stücke: Äpfel, Birnen oder Orangen werden zum Beispiel meistens in Scheiben geschnitten, Ingwer, Karotten oder Knollensellerie vorab im Mixer nicht zu fein zerkleinert, Fleisch und Fisch in dünne Streifen geschnitten. Für besonders dünne Scheiben eignet sich ein Küchenhobel mit verschiedenen Einstellmöglichkeiten (Mandoline), er sollte gut zu säubern sein. Gerade für Chips braucht es möglichst dünne Scheiben, auch wenn selbst dickere Scheiben nach dem Trocknen überraschend knusprig werden können.

Vor allem der Feuchtigkeitsgehalt nach dem Dörren bestimmt die Knackigkeit des fertigen Trockenguts.

*Tipp:*

---

**Zerkleinerte oder in Scheiben geschnittene Früchte wie Äpfel, Birnen, Bananen, Nashi-Birnen verfärben sich nicht so schnell, wenn Sie sie gleich nach dem Schneiden für ein paar Minuten in etwas Essigwasser oder Zitronenwasser (2 Esslöffel auf 1 Liter Wasser) einlegen. Sie können aber auch die Oberseite der Scheiben mit frischem Zitronensaft einpinseln.**

---

Grundsätzlich können Sie Gemüse und Obst auch im Ganzen trocknen. Im süddeutschen Raum wird das zum Beispiel bei den sogenannten Kletzn, getrockneten Birnen, gemacht. Die werden ganz oder halbiert getrocknet, später zerkleinert und dann in weihnachtlichen Früchtebroten mit gedörrten Feigen, Äpfeln und Nüssen oder auch Köstlichkeiten weiterverarbeitet.

Nüsse und Samen können Sie vor dem Trocknen einige Stunden in Wasser einweichen. Das macht sie für Magenempfindliche besser verdaulich und bewirkt gerade für Müslischnitten oder »Brote« einen besseren Zusammenhalt der Zutaten (Leinsamen oder Chiasamen entwickeln durch das Einweichen zum Beispiel ein schleimiges Gel).

## Einweichdauer von Nüssen und Samen

- 2–3 Stunden: Cashewkerne, Chiasamen, Leinsamen, Sonnenblumenkerne
- 4–6 Stunden: Pecannüsse, Walnüsse
- 8–10 Stunden: Haselnüsse, Kürbiskerne, Mandeln

Auf das Einweichen verzichtet man bei Macadamia, Pinienkernen und Pistazien.

Gemahlene Nüsse werden wie auch Nussmus nicht eingeweicht.

Um das Fleischschneiden zu erleichtern, können Sie es zuvor etwa zwei Stunden lang anfrieren. So wird es fester und lässt sich besser dünn aufschneiden.

Auch mit der Brotschneidemaschine können Sie Trocknungsgut wunderbar in dünne Scheiben zerteilen (z. B. für Chips, Fleisch, Brotchips und alles, was sehr dünn und gleichmäßig sein soll).

## So wird gedörrt

Nach dem Schneiden, Häckseln bzw. Pürieren wird das vorbereitete Trocknungsgut in Dörrschalen, auf Dörrgitter oder auf Backbleche verteilt.

Damit nichts hängen bleibt oder antrocknet, sollten Sie die Gitter oder Backbleche grundsätzlich mit Backpapier oder Dörrfolie aus Silikon auslegen. Bleche niemals einfetten! Auch Mehl ist ungeeignet, es würde am Dörrgut haften bleiben und zu einem schnelleren Verderben beitragen. Gerade Fleisch, Fisch und Leber, die gedörrt werden sollen, bleiben schnell an den Gittereinsätzen kleben, daher unbedingt Folie oder Papier zum Unterlegen verwenden.

Kleinere oder gehäckselte Teile können bei der Verwendung von Dörrgittern leicht hindurchfallen, zumal sie durch Trocknung ja noch mal an Volumen verlieren. Auch hierfür empfiehlt sich ein Auslegen der Gitter mit Backpapier oder Dörrfolie. Die Gitter sollten optimalerweise etwa 1 cm vom Rand entfernt frei von Bedeckung bleiben, damit die Luft gut zirkulieren kann. Eventuell stechen Sie dafür mit einer Gabel noch ein paar Löcher in das Papier.

Für Fruchtleder oder zum Dörren von Flüssigem benötigen Sie wasserfeste und -dichte Auflagen für die Gitter oder Schalen, damit nichts hindurchtropfen kann.

Wenn Sie alle Schalen oder Gitter mit Dörrgut belegt haben, um den Raum des Gerätes völlig auszunutzen, kann es mit dem Dörren losgehen. Je nach Art des Gerätes müssen Sie gelegentlich die Position der Schalen verändern, damit die Wärme und die Luft alle Stücke gleichmäßig erreichen.

*Tipp:*

Kombinieren Sie niemals Fisch oder Fleisch im selben Dörrdurchgang mit Früchten oder Gemüse!
Zwiebeln, Knoblauch, Bärlauch, Meerrettich oder anderes stark aromatisches Gemüse oder Gewürze sollten Sie ebenfalls lieber solo dörren und den Apparat damit füllen, sonst überträgt sich der Geschmack womöglich ungewollt auf weitere Zutaten. Gerade bei Früchten ist das eher ungünstig.

**Dörrdauer und Temperatur**

Grundsätzlich wird zum Trocknen warme und vor allen Dingen wasserarme Luft benötigt, weshalb im Freien nur im Sommer an regenfreien Tagen getrocknet werden kann. Für höhere Temperaturen und Dörrvorgänge rund um das ganze Jahr sind dann Dörrgeräte und der Backofen oder eben auch die Umgebung von Heizung oder einer anderen Wärmequelle ideal. Generell sprechen wir von Temperaturen zwischen 30 und 75 °C. So niedrige Temperaturen bieten allerdings nur Backöfen der neueren Generation und mit Umluftfunktion an sowie Dörrgeräte. Wer sein Wohnzimmer nicht komplett mit Trocknungsgut füllen möchte und gerne trocknet, wird wohl sehr bald auf eines dieser Geräte zurückgreifen.

Die Raumtrocknung eignet sich in der Regel also vor allem für kleinere Mengen oder gelegentliche Experimente. Alles, was sehr wasserhaltig ist, ist normalerweise aber in einem der Apparate besser aufgehoben. Eine Ausnahme bilden zum Beispiel sonnengetrocknete Tomaten, aber auch für sie wird die konstante Hitze der Sommersonne benötigt. Ganz allgemein sind Trocknungsvorgänge an der Sonne aufgrund der schnell auftretenden Fruchtfliegen und Fleischfliegen nur eingeschränkt zu empfehlen.

Dagegen werden Kräuter für Gewürze oder Tee sehr gerne an einem luftigen und auch schattigen Platz (niemals in der Sonne, da werden die Chlorophylle zerstört) entweder gebündelt aufgehängt oder ausgebreitet und getrocknet.

Früchte trocknen Sie am besten bei schonenden Temperaturen von 40–50 °C. Möchten Sie sie jedoch besonders knusprig und chipsähnlich haben und geht es nicht in erster Linie um den Erhalt der Vitamine, dann können Sie eine Temperatur von 60–65 °C wählen, so geht es schneller.

Rhabarber sollte ebenso wie Kohl und auch Kürbis vor dem Dörren blanchiert und gut abgetrocknet werden. Er enthält roh die giftige Oxalsäure, die in großen Mengen genossen zum Beispiel die Nieren schädigen kann und durch den Erhitzungsvorgang reduziert wird. Kürbis beispielsweise wird durch das Dörren so hart, dass man ihn getrocknet kaum kauen kann. Auch Kohlblätter sind unblanchiert getrocknet eher zäh und damit kein rechter Genuss.

Gemüse, das später sowieso zum Kochen verwendet und erhitzt wird, kann dementsprechend auch mit mehr Wärme (zwischen 60 und 65 °C) getrocknet werden.

*Tipp:*

**Wichtig für ein gutes Dörrergebnis sind möglichst gleichmäßig dicke Stücke. Nur so erreichen Sie eine einheitliche Trocknungszeit. Wer unterschiedliche Zutaten in einer Charge trocknen will, sollte auf einen ähnlichen Zeit- und Temperaturbedarf achten.**

Als Rohkostqualität wird in Europa bezeichnet, was nicht höher als 37–40 °C erwärmt wird (maximal Körpertemperatur). Das bedeutet, dass sich die Trocknungszeiten wesentlich verlängern. Das ist auch die schonendste Temperatur, die man wählen kann, um möglichst viele Inhaltsstoffe zu erhalten. Allerdings muss man dafür etwa die doppelte bis dreifache Trocknungsdauer im Vergleich zu den in den Rezepten aufgeführten Zeiten ansetzen.

Grundsätzlich kann fast jedes Obst und Gemüse in Rohkostqualität getrocknet werden, wobei sich aufgrund der enthaltenen Oxalsäuren bestimmte Gemüsesorten nicht gut für den Rohverzehr eignen oder nur in sehr geringen Mengen verzehrt werden sollten (z. B. Spargel, Spinat oder Rhabarber). Wegen der Gefahr von Salmonellen ist es ratsam, Fleisch und

Fisch bei 70–75 °C zu trocknen, auch wenn sie sicherlich bei niedrigeren Temperaturen gedörrt werden *könnten*.

Kräuter und Blüten sollen grundsätzlich nicht bei mehr als 35 °C getrocknet werden, um die wertvollen Inhalts- und Aromastoffe und die Farbe zu bewahren.

## Lagerung und Haltbarkeit

Gerade Anfänger sind meist unsicher, ob das Dörrgut bereits genügend getrocknet ist oder noch länger getrocknet werden sollte. Im Laufe der Zeit entwickelt man aber ein Gefühl dafür, außerdem bestehen natürlich individuelle Vorlieben dazu, wie trocken man seine Snacks, Cracker oder sein Trockenfleisch haben möchte. Für einen sofortigen Verbrauch innerhalb der nächsten zwei bis drei Tage ist das auch nicht so wichtig. Soll das Trockengut allerdings über Wochen oder Monate gelagert werden, bestimmt vor allem der ausreichende Wasserentzug die Länge der Haltbarkeit.

Gerade Früchte mit ihrem hohen Zuckergehalt können durchaus etwas klebrig bleiben und eine gummiartige Konsistenz aufweisen, das gilt zum Beispiel für Beeren, Mango, Kirschen oder Quitten, aber auch für Fruchtleder, denen etwa Konfitüre oder Sirup zugegeben werden. Dünn geschnittene Äpfel, Melonen, Kürbis und Birnen werden dagegen bei längerer Dauer oder eher warmen Trockentemperaturen recht knusprig.

Fertig getrocknete Kräuter müssen sich zwischen den Fingern zerreiben lassen, Gemüse wie Karotten, Sellerie, Stangensellerie, Lauch etc. werden nach dem Trocknen richtig hart und auch brüchig. Wenn sie als Snack gedacht sind, sollten sie daher vor dem Trocknen bereits in dünne Scheiben geschnitten oder zwei bis drei Minuten blanchiert werden.

Dörrbrote und Cracker sind meist nach dem Trocknen noch leicht biegsam und knacken, Fruchtleder wird je nach den verwendeten Früchten hauchzart und knackig (zergeht richtig auf der Zunge, z. B. die Erdbeer-Apfel-Knusperblätter, siehe Seite 105) oder etwas gummibärenartig. Müsliriegel sollten sich noch gut abbeißen und kauen lassen, aber grundsätzlich ebenfalls gut durchgetrocknet und eher fest in der Konsistenz sein. Dörrfleisch wird durch das Trocknen viel dunkler, besonders Rindfleisch ist manchmal fast schwarz.

## Feuchtigkeitstest:

Geben Sie nach dem Trocknen das abgekühlte Dörrgut in trockene Schraubgläser und verschließen Sie diese. Bildet sich nach zwei bis drei Tagen Feuchtigkeitsbeschlag an der Innenseite, muss unbedingt nachgetrocknet werden. Schneiden Sie nach dem Trocknen das gedörrte Lebensmittel auf. Zeigt sich in der Mitte eine andere Farbe, bilden sich kleine Wasserablagerungen an den Schnittkanten oder wird beim Zusammenpressen zwischen den Fingern Feuchtigkeit herausgedrückt, so muss weiter getrocknet werden.

Ein weiterer großer Vorteil der Trocknung als Konservierungsmethode ist der geringe Platzbedarf der getrockneten Lebensmittel. Entzieht man Lebensmitteln den Großteil der Feuchtigkeit, reduziert sich ihr Volumen, was bedeutet, dass man zum Beispiel 1 Kilogramm Paprikaschoten getrocknet in ein kleineres Schraubglas bekommt. Oder aus 2 Kilo frischen Paprikaschoten getrocknet nur noch rund 180 Gramm Paprikagewürzpulver werden, das passt in ein mittelgroßes Senfglas. 2 Kilo Suppengemüse ergeben zerkleinert und getrocknet ein Volumen von rund 800 Millilitern.

Wer also immer Probleme hatte, weil der Gefrierschrank oder das Gefrierfach durch tiefgekühltes Obst, Gemüse oder Kräuter zu stark gefüllt war, wird sich freuen, dass dieser Platz in Zukunft anders genutzt werden kann.

Die getrockneten Köstlichkeiten können Sie entweder in einfachen, sauber gespülten und am besten ausgekochten Gläsern (sehr gut eignen sich recycelte Senf- und Marmeladengläser, Gurkengläser, der Deckel darf aber niemals angerostet sein!), Einmachbügelgläsern mit intakter Gummidichtung oder aber Gefrierdosen bzw. Behältern aus Kunststoff (am besten BPA-frei) lagern. Vorsichtshalber sollten Sie das Trockengut in kleineren Gläsern und Behältern aufbewahren. Denn bildet sich doch einmal Schimmel, so muss nicht gleich eine größere Menge entsorgt werden.

Außerdem gibt es leider auch Schädlinge, die Dörrgut befallen können. Wenn sich Dörrobstmotten, Lebensmittelmotten, Maden oder Brotkäfer in Lebensmitteln und der Küche ansiedeln, sind sie nur schwer wieder zu vertreiben. Deshalb ist es wichtig, Dörrgut nicht nur in Papiertüten oder Stoffsäckchen aufzubewahren oder in Behältern, in die Schädlinge leicht eindringen können,

sondern dichte Gläser, Dosen oder Tüten zu verwenden.

Haben sich doch einmal welche einnisten können, sollten Sie den gesamten Inhalt entsorgen, denn neben abgestorbenen Insekten ist auch deren Kot darin enthalten. Übrigens lieben auch Mäuse gedörrte Lebensmittel …

Die meisten getrockneten Pflanzen, Kräuter, Gemüse und Früchte halten sich gut durchgetrocknet, ideal verpackt und gelagert bis zur nächsten Saison. Eine längere Lagerung ist zwar möglich, aber nicht sinnvoll, denn die Inhaltsstoffe und Aromen bauen sich danach stark ab. Eine Haltbarkeit von vielen Jahren, wie sie manchmal behauptet wird, mag zwar theoretisch funktionieren, ich selbst halte dies jedoch nicht für zeitgemäß und ratsam, außer man würde sich für Notzeiten bevorraten wollen.

Getrocknetes muss unbedingt vor Feuchtigkeit geschützt werden, damit es diese nicht aufnehmen kann. Durch die Lagerung in dicht schließenden Gefäßen lässt sich das größtenteils verhindern. Ein Restrisiko besteht natürlich immer, deshalb empfehlen wir, selbst gemachte Reisbeutelchen (siehe Tipp Seite 28), offenen Reis oder gekaufte Silikatbeutelchen (sogenannte Sauerstoffabsorber, aber bitte nur lebensmittelgeeignete kaufen) mit in die Behältnisse zu packen. Viele kennen das bereits vom Tischsalzstreuer, in den oft ein paar Reiskörner gegeben werden, um das Verkleben des Salzes durch Feuchtigkeit zu verhindern.

Knuspriges wie zum Beispiel Gemüsechips und Cracker werden in Behältern meistens dennoch weich, sie bleiben nur bei Luftkontakt (sofern sie trocken sind) hart. Doch offen gelagert, sind sie wieder bei Insekten beliebt. Am allerbesten sollten Sie sie gleich frisch knabbern und sich daran freuen

Bei jedem der folgenden Rezepte wird eine mittlere Lagerungsdauer angegeben, bei früherem Verderb aufgrund von Insektenbefall oder zu viel Restfeuchte gilt diese natürlich nicht! Andererseits können auch längere Lagerungszeiten möglich sein, je nachdem, ob das Dörrgut noch gut riecht, aussieht und schmeckt.

Auch die Umgebungstemperatur ist ein Faktor für die Lagerung, denn ist es besonders heiß, kann Dörrgut besonders im Hinblick auf die Inhaltsstoffe und Aromen genauso leiden, wie wenn es zu kalt (und dann meist auch feucht – der große Feind der getrockneten Lebensmittel) ist.

## *Tipp:*

Absorber-Reisbeutel selbst gemacht

Das benötigen Sie:

- 1 Stück sauberen Stoffe, am besten quadratisch, Größe nach Belieben (Beispielbild 10 x 10 cm)
- 1–1 ½ EL trockener Reis
- 1 Haushaltsgummi

So geht's:

Den Stoff in der Hand ausbreiten, den Reis mittig daraufgeben. Den Stoff zusammenfalten, mit dem Gummi verschließen – fertig ist das Reisbeutelchen.

## Verwendung

Getrocknetes können Sie im Prinzip genauso einsetzen wie Frischware. Sobald Sie Wasser hinzufügen, saugt es sich voll und kann weiterverarbeitet werden.

Manches schmeckt vielleicht nicht mehr ganz so gut wie frisch, aber wenn es sorgfältig und langsam getrocknet und gut gelagert wird, sind die Geschmacksverluste sehr gering.

Wenn Sie Trockenware pulverisieren und zu Gewürzmischungen oder Kräutersalzen verarbeiten, können Sie Mahlzeiten damit aufwerten. Mit Suppengemüse, einzeln oder gemischt getrocknet, bereiten Sie im Handumdrehen eine wunderbar leichte Suppe zu, intensivieren eine Bratensauce oder sparen sich Schneidearbeit für ein schnell zubereitetes Mahl. Getrocknetes haben Sie zudem immer im Haus, sodass Sie einen Einkauf auch mal verschieben können. Ein bunt mit gedörrtem Gemüse, Früchten, Kräutern und diversen Pulvern bestückter Vorratsschrank ist das Herzstück einer guten, reichhaltigen und gesunden Küche!

Trockenfleisch, sogenanntes Beef Jerk(y), ist ein echter Leckerbissen für Fleischfans! Vor dem Dörren marinieren lassen sich aber nicht nur Fleisch und Fisch, sondern auch Früchte, die später in Desserts oder einfach pur gegessen werden.

Snacks aus gedörrtem Gemüse, Früchten und auch Samen und Nüssen sind ein Hochgenuss und eignen sich gut als Knabberei für einen gemütlichen Fernsehabend oder zu einem Glas Bier oder Wein, wenn Gäste kommen. Auch wer normalerweise Gemüse nicht gerade liebt, sofern es nicht in Form von Kartoffelchips daherkommt, wird schnell eines Besseren belehrt. Versuchen Sie doch mal die Süßkartoffelchips oder knusprig getrockneten Gemüsefenchel sowie Paprikastreifen – wunderbar!

Für Diäten sind Trockenfrüchte nicht besonders gut geeignet oder sollten zumindest nur in sehr kleinen Mengen genossen werden, denn sie enthalten drei- bis achtmal so viele Kalorien wie frisches Obst, wenn man jeweils 100 Gramm miteinander vergleicht.

Für Gemüse sieht das dagegen anders aus, zum Beispiel weisen 100 Gramm frischer Fenchel 24 Kilokalorien auf und dieselbe Menge getrockneter Fenchel etwa 200 Kilokalorien. Wobei man 100 Gramm Trockenware kaum schaffen würde, entspricht dies doch einer Frischmenge von gut 1 Kilo. Daher ist getrocknetes Gemüse ein willkommener Snack in den spartanischen Abnehmzeiten, der zusätzliche Mineral- und Ballaststoffe liefert, zugleich für ein Sättigungsgefühl sorgt und die Lust auf Kauen etwas befriedigen kann.

## Rehydrierung

Beim Kochen ist es oft nötig, getrocknetem Gemüse oder Früchten ihren ursprünglichen Wassergehalt wieder zuzuführen. Man nennet diesen Vorgang Rehydrierung, besonders in den Profiküchen und in der Lebensmittelindustrie ist dieser Vorgang gang und gäbe, man denke zum Beispiel an Gemüse- oder Fruchtpulver (meist gefriergetrocknet), Instantsaucen und -tees, Milchpulver sowie Konzentrate für die Herstellung von Fruchtsäften oder -nektar. Im Idealfall

erhält rehydriertes Dörrgut seine ursprüngliche Größe zurück und zumindest den Großteil der Aromen und Inhaltsstoffe (zumindest, was bei der Trocknung nicht zerstört wurde).

Und so funktioniert es: Die meisten gedörrten Früchte lassen sich durch Eintauchen in Wasser »wiederbeleben«. Noch schmackhafter wird das Ergebnis, wenn Sie Saft verwenden (Apfel- oder Traubensaft, am besten guten Direktsaft). Auch Fruchtleder können Sie auf diese Weise rehydrieren, was aber im Normalfall wenig Sinn ergibt.

Für Gemüse ist Gemüsesaft besonders geeignet (klares Zellwasser ohne püriertes Gemüse), da dies jedoch schwierig zu bekommen ist, können Sie auch kalte Milch oder Pflanzendrink aus Reis, Haferflocken, Soja etc. verwenden.

Legen Sie das Dörrgut 30–60 Minuten in die Flüssigkeit ein und lassen Sie es sich damit vollsaugen, dann können Sie es dem Kochgut zufügen. Soll es schneller gehen, übergießen Sie das entsprechende Trockengemüse mit kochendem Wasser und lassen es ein paar Minuten ziehen. Es ist allerdings schonender, wenn man es langsam vollsaugen lässt.

Kochen Sie rehydrierte Zutaten (z.B. in Suppe oder Eintopf), sollten Sie darauf achten, dass sie bereits ganz rehydriert sind, bevor Sie weitere Zutaten zufügen.

Kräuter können Sie immer getrocknet zugeben, das gilt auch für Trockenfleisch.

# FRÜCHTE DÖRREN UND TROCKNEN

Getrocknete Früchte sind besonders bekannt und beliebt. Gerade, wer aus dem eigenen Garten ernten kann, hat oftmals mehr zur Verfügung, als er verwerten kann. Da bieten sich die Trocknungsverfahren ideal an: Auf diese Weise können auch größere Mengen gut verarbeitet werden und sind lange haltbar. Außerdem sind Trockenfrüchte sehr begehrt, ob als Snack zwischendurch oder zur Verarbeitung in Desserts, Eis, Kuchen oder Gebäck. Durch Gewürze können sie noch weiter veredelt werden. Rezepte für feine Fruchtleder finden Sie ab Seite 101.

# Der Klassiker: Äpfel

**ZUTATEN**

1 kg Bio-Äpfel, möglichst aromatisch und eher säuerlich
Zitronensaft nach Belieben

1. Äpfel waschen, abtrocknen und das Kerngehäuse jeweils ausstechen. Bio-Äpfel müssen nicht geschält werden. Dann Äpfel in etwa 3–4 mm dicke Ringe schneiden.
2. Ringe so auf die Dörrgitter verteilen, dass sie sich nicht berühren. Wenn gewünscht, mit etwas Zitronensaft einpinseln.
3. Dörrgitter in den Dörrautomaten einlegen. Apfelringe bei 50 °C 7–10 Stunden lang trocknen, bis sie sich noch biegen lassen, aber die Feuchtigkeit größtenteils vertrocknet ist.
4. Innerhalb von 4–6 Monaten verbrauchen.

**Tipp:**

Bio-Früchte müssen nicht geschält werden, denn unter der Schale sitzen jede Menge gute Mineralstoffe. Konventionelle Ware ist aber leider stark gespritzt und sollte daher vor der Verarbeitung lieber geschält werden.

# Vanille-Äpfel

**ZUTATEN**

1 kg Bio-Äpfel, möglichst aromatisch und eher säuerlich
2 EL Vanillezucker

1. Äpfel waschen, abtrocknen und das Kerngehäuse jeweils ausstechen. Bio-Äpfel müssen nicht geschält werden. Dann Äpfel in 3–4 mm dicke Ringe schneiden.
2. Apfelringe so auf die Dörrgitter verteilen, dass sie sich nicht berühren. Die Oberseite mit dem Vanillezucker bestreuen.
3. Dörrgitter in den Dörrautomaten einlegen. Apfelringe bei 65 °C 6–8 Stunden lang trocknen, bis sie trocken, aber noch biegbar sind.
4. Innerhalb von 4–6 Monaten verbrauchen.

# Lebkuchen-Apfelchips

**ZUTATEN**

1 kg Bio-Äpfel, möglichst aromatisch und eher säuerlich
Lebkuchengewürz
1 EL Zucker nach Belieben

1. Äpfel waschen, abtrocknen und die Kerngehäuse jeweils ausstechen. Bio-Früchte müssen nicht geschält werden. Dann Äpfel in 1 mm dicke Ringe hobeln.
2. Apfelchips so auf die Dörrgitter verteilen, dass sie sich nicht berühren. Mit dem Lebkuchengewürz bestreuen. Wer es süßer mag, mischt 1 TL Gewürz mit 1 EL Zucker und bestreut die Chips mit dieser Mischung.
3. Dörrgitter in den Dörrautomaten einlegen. Chips bei 65 °C 6–8 Stunden lang trocknen, bis sie richtig schön knusprig sind.
4. Innerhalb von 2–3 Monaten schmecken sie am besten.

# Nashi-Birnen

**ZUTATEN**

4 Nashi-Birnen (Naschbirnen)
1 EL frischer Zitronensaft
1 EL Minz- oder Melissenzucker (siehe Seite 81) nach Belieben

1. Die Birnen schälen, vierteln und die Kerngehäuse entfernen. Die Viertel dann in 3–4 mm dicke Scheiben schneiden und diese so auf die Dörrgitter legen, dass sie sich nicht berühren. Mit dem Zitronensaft einpinseln und nach Belieben mit Minz- oder Melissenzucker bestreuen.
2. Dörrgitter in den Dörrautomaten einlegen und Birnen bei 50 °C 10–14 Stunden trocknen.
3. Innerhalb von 4–6 Monaten verbrauchen.

### Tipp:

Statt Nashi-Birnen können Sie selbstverständlich auch »normale« Birnen dörren. Sie werden gerne für Früchtebrot verwendet.

# Himbeeren

**ZUTATEN**

500 g Himbeeren

1. Die Dörrschale mit Backpapier auslegen.
2. Die sauberen, trockenen (am besten nicht waschen) ganzen oder halbierten Beeren auf Dörrschalen verteilen. Bei 55 °C 24–30 Stunden (halbiert) bzw. 28–36 Stunden (ganze Früchte) dörren.
3. Innerhalb von 4–6 Monaten verbrauchen.

### Tipp:

Zum Trocknen eignen sich nur frische Himbeeren gut. Aufgetaute TK-Ware lässt sich aber sehr gut für Fruchtpulver, Fruchtleder oder Fruchtzucker verarbeiten. Getrocknete Himbeeren schmecken sehr gut als Fruchtpulver (in Mixer, Gewürzmühle oder Mörser fein mahlen) oder in selbst gemachten Müslimischungen. Nur zusammen mit Reisbeutelchen vor Feuchtigkeit geschützt lagern.

# Kiwi

**ZUTATEN**

4 reife, aber noch feste Kiwis
etwas gemahlener Zimt nach Belieben

1. Die Kiwis schälen und quer in 3 mm dicke Scheiben schneiden. Mit etwas Abstand auf Dörrgitter verteilen. Einen Teil davon nach Belieben leicht mit etwas Zimt überpudern.
2. Dörrgitter in den Dörrautomaten einlegen. Kiwis bei 45 °C 8–12 Stunden trocknen. Für knusprige Chips erst 10 Stunden bei 45 °C, dann 2 Stunden bei 60 °C trocknen. Zwischendurch Chips wenden.
3. Innerhalb von 4–6 Monaten verbrauchen.

## Tipp:

Falls Sie recht säuerliche Früchte verarbeiten, können Sie die Scheiben vor dem Trocknen mit Zimtzucker oder einem feinen Minzzucker (siehe Seite 81) bestreuen.

# Ananas

## ZUTATEN

1–2 reife Ananas

1 Päckchen Vanillezucker oder
1 Tonkabohne nach Belieben

1. Die Ananas schälen, dabei auch die »Augen« herausschneiden. Dann in 5–7 mm dicke Scheiben schneiden (der Strunk kann dranbleiben).
2. Scheiben nebeneinander so auf die Dörrgitter verteilen, dass sie sich nicht berühren. Wer mag, bestreut die Scheiben noch mit etwas Vanillezucker oder frisch geriebener Tonkabohne.
3. Dörrgitter in den Dörrautomaten einlegen. Ananas bei 50 °C 16–20 Stunden trocknen.
4. Innerhalb von 4–6 Monaten verbrauchen.

### Tipp:

Ananas sind großartige Trockenfrüchte, denn sie geben bei Anstrengung schnell energiereichen Fruchtzucker ab und passen gut ins Handgepäck. Eine Ananas ist allerdings so schnell weg, dass wir empfehlen, am besten gleich zwei (oder drei) davon zu trocknen.

# Mango

**ZUTATEN**

2 Mangos
Pfeffer nach Belieben

1. Die Früchte schälen. Das Fruchtfleisch in 3–5 mm dicken Scheiben vom Kern abschneiden.
2. Dörrgitter mit Backpapier oder Dörrfolie belegen und die Stücke darauf so verteilen, dass sie sich nicht berühren. Wer mag, pfeffert die Mangostücke leicht.
3. Dörrgitter in den Dörrautomaten einlegen. Dann Mangostücke bei 50 °C 12–14 Stunden trocknen.
4. Innerhalb von 4–6 Monaten verbrauchen.

## Tipp:

Mangos werden nicht ganz fest getrocknet, sondern bleiben eher etwas biegsam. Am besten bewahrt man sie daher mit einem Reisbeutelchen auf, das ihnen Feuchtigkeit entzieht. Sie bereichern jedes Müsli, sind aber auch ein leckerer Snack.

# Bananenchips

**ZUTATEN**

4 reife Bananen

2 EL Zitronensaft

1. Bananen schälen und schräg in etwa 3 mm dicke Scheiben schneiden. Die Scheiben so auf Dörrgitter verteilen, dass sie sich nicht berühren. Die Oberseite mit Zitronensaft einpinseln. Dörrgitter in den Dörrautomaten einlegen und Bananen bei 60 °C 12–14 Stunden trocknen bzw. bis sie die gewünschte Konsistenz erreicht haben.
2. Mit einem Reissäckchen zusammen lagern, damit Feuchtigkeit aufgesogen wird.
3. Innerhalb von 4–6 Monaten verbrauchen.

# Pulver für Bananenmilch

**ZUTATEN**

Bananenchips aus 300 g frischen Bananen

1 TL gem. Zimt

1 TL Vanillezucker

1. Zum Mahlen müssen die Bananen richtig gut durchgetrocknet und sehr hart sein. Mit dem Zimt und dem Vanillezucker in einen Mixer oder eine Gewürzmühle geben und sehr fein mahlen.
2. Anschließend Pulver in ein Schraubglas abfüllen, vorher entweder 1 EL Reis oder ein Reissäckchen hineingeben, das Pulver zieht sonst schnell Feuchtigkeit und wird klumpig.
3. Für eine leckere Bananenmilch 1–2 TL Pulver entweder mit Milch oder einem Pflanzendrink im Mixer aufrühren und genießen.

# Erdbeeren

**ZUTATEN**

1 kg Erdbeeren

1. Die Erdbeeren waschen, putzen und in 4–5 mm dicke Scheiben schneiden. Die Scheiben so auf die Dörrgitter legen, dass sie sich nicht berühren.

2. Dörrgitter in den Dörrautomaten einlegen und Erdbeeren bei 60 °C 9–13 Stunden trocknen.
3. Innerhalb von 4–6 Monaten aufbrauchen.

# Minz-Erdbeeren

**ZUTATEN**

1 kg Erdbeeren
1 EL Limettensaft
1 EL Minzzucker (siehe Seite 81)

**Tipp:**

Getrocknete Erdbeeren im Mixer oder einer Mühle zu feinem Pulver mahlen und für selbst gemachtes Eis verwenden oder in Müslischnitten verarbeiten.

1. Die Erdbeeren waschen, putzen und in 4–5 mm dicke Scheiben schneiden. Diese so auf die Dörrgitter legen, dass sie sich nicht berühren. Die Oberseite mit dem Limettensaft einpinseln und dann mit dem Minzzucker bestreuen.
2. Dörrgitter in den Dörrautomaten einlegen und Erdbeeren bei 65 °C 8–12 Stunden trocknen.
3. Luftdicht und dunkel aufbewahren.
4. Innerhalb von 4–6 Monaten aufbrauchen.

# Beschwipste Orangenerdbeeren

**ZUTATEN**

1 kg Erdbeeren
150 ml Orangenlikör (alternativ Limoncello)

1. Die Erdbeeren waschen, putzen und in 4–5 mm dicke Scheiben schneiden. Diese so auf die Dörrgitter legen, dass sie sich nicht berühren.
2. Dörrgitter in den Dörrautomaten einlegen und Erdbeeren bei 60 °C 6 Stunden lang dörren. Herausnehmen und etwa 30 Minuten in einer Schüssel mit dem Likör einlegen.
3. Anschließend wieder auf die Gitter verteilen und 5–7 Stunden trocknen.
4. Innerhalb von 4–6 Monaten aufbrauchen.

**Tipp:**

Diese Erdbeeren schmecken besonders fein als Topping einer selbst gegossenen weißen Schokolade.

# Honigmelone

**ZUTATEN**

1 reife Honigmelone

1. Die Melone halbieren, entkernen, schälen und in 3–4 mm dicke Spalten schneiden. Diese so auf die Dörrgitter legen, dass sie sich nicht berühren.
2. Dörrgitter in den Dörrautomaten einlegen und Melone bei 50 °C 10–14 Stunden trocknen. Die Stücke sollten noch biegsam sein.
3. Luftdicht aufbewahren und Reisbeutelchen dazugeben.
4. Innerhalb von 4–6 Monaten verbrauchen.

## Tipp:

Getrocknete Melone eignet sich sehr gut zum Aromatisieren von Wasser, Sekt oder Bowle, aber auch als Snack für zwischendurch. Durch das Trocknen intensiviert sich der Geschmack.

# Feine Blutorangen

**ZUTATEN**

1 kg Blutorangen, möglichst süß
Pfeffer nach Belieben
oder 1–2 Päckchen Vanillezucker nach Belieben

1. Die Orangen gründlich schälen, sodass keine weiße Haut mehr an den Früchten ist. Das Fruchtfleisch in 3–4 mm dicke Scheiben schneiden. Diese mit Abstand auf die Dörrgitter verteilen, eventuell Dörrmatten unterlegen. Backpapier ist weniger geeignet, da die Früchte extrem daran kleben. Anschließend, wenn gewünscht, leicht mit Pfeffer oder Vanillezucker bestreuen.
2. Dörrgitter in den Dörrautomaten einlegen und Orangenscheiben bei 50 °C 10–14 Stunden trocknen, eventuell auch länger. Zitrusfrüchte werden zumeist nicht ganz trocken, aber der dann konzentrierte Fruchtzucker sorgt für eine gute Haltbarkeit.
3. Mit Reisbeutelchen aufbewahren und innerhalb von 4–6 Monaten aufbrauchen.

**Tipp:**

Verwenden Sie Bio-Früchte, können Sie die Schalen abreiben und auf Backpapier gelegt mittrocknen.
Auch Zitronen lassen sich auf dieselbe Art gut trocknen, sind aber natürlich recht sauer.
Grundsätzlich können Sie Bio-Zitrusfrüchte auch mit Schale dörren, sie schmecken dann allerdings recht bitter. Als Dekoration für Gestecke oder Potpourris eignen sie sich aber sehr gut.

# Aprikosen

**ZUTATEN**

1 kg reife Aprikosen
evtl. 2 EL Vanille-oder Orangenschalenzucker (siehe Tipp Seite 105)

1. Die Aprikosen waschen, trocken reiben und halbieren, Steine entfernen.
2. Nochmals die Hälften halbieren (also insgesamt jede Aprikose vierteln). Auf Dörrgitter auslegen und nach Belieben mit dem Vanille- oder Orangenschalenzucker bestreuen. Dann bei 60 °C 16–20 Stunden durchtrocknen lassen.
3. Innerhalb von 4–6 Monaten aufbrauchen.

## Tipp:

Sind die Aprikosen eher sauer, schmecken sie nach dem Trocknen noch saurer, besonders dann lohnt es sich, sie vorher etwas zu süßen. Getrocknete Aprikosen lassen sich besonders gut für orientalische Eintopfgerichte, in Kompott, Konfitüre, Joghurt und Müsli verarbeiten.

# GETROCKNETES GEMÜSE

Warum sollte man eigentlich Gemüse trocknen? Zusätzlich zu den modernen Haltbarkeitsmethoden wie dem Einfrieren stellt das Dörren eine weitere, beliebte Methode dar. Denn durch den Wasserentzug wird Gemüse nicht nur haltbar gemacht, es behält meist seine Farbe, und vor allem benötigt es getrocknet viel weniger Stauraum: 1 Kilogramm Karotten füllen zum Beispiel geraspelt und getrocknet gerade mal ein Schraubglas mit rund 500 Milliliter Fassungsvermögen. Viele von uns leben in der Stadt auf meist engem oder zumindest gut verplantem Raum und haben nicht viel Platz für Eingemachtes und Konserviertes. Auch der Gefrierschrank platzt meist aus allen Nähten. Wie man in Krisenzeiten sehen kann, ist man aber oft froh, wenn man Lebensmittel zu Hause gut lagern kann – ein weiteres Argument für das Trocknen und Dörren. Außerdem ermöglicht es, immer Gemüse vorrätig zu haben und schnell für Gewürzmischungen, Suppen, Eintöpfe, Saucen oder Pfannengerichte verwenden zu können.

# Paprika

**ZUTATEN**

850 g rote Spitzpaprika

1. Die Paprika waschen, abtrocknen, putzen und dabei die Kerne und weißen Teile entfernen. Schoten in dünne Streifen schneiden und diese so auf die Dörrgitter verteilen, dass sie sich nicht berühren.
2. Dörrgitter in den Dörrautomaten einlegen und Paprika bei 60 °C 9–12 Stunden trocknen, dabei je nach Dörrgerät die Ebenen mehrmals durchwechseln.
3. Innerhalb von 8–10 Monaten verbrauchen.

### Tipp:

Getrocknet schmeckt Paprika viel intensiver und sehr lecker. Er eignet sich zum gesunden Snacken, aber auch als Bestandteil von Suppen, Saucen, Marinaden und Eintöpfen. Vor der Verwendung entweder etwa 1 Stunde lang einweichen (das Einweichwasser dann ebenfalls nutzen) oder 20–30 Minuten sanft mitköcheln.

# Datteltomatenchips

**ZUTATEN**

2 kg Datteltomaten (alternativ Cocktailtomaten)

1. Die Tomaten waschen, abtrocknen und halbieren. Auf Dörrschalen verteilen und diese in den Dörrautomaten einlegen. Tomaten bei 55 °C 16–20 Stunden oder bei 40 oder 45 °C entsprechend länger trocknen, bis sie knusprig sind.
2. Trocken lagern und innerhalb von 8–10 Monaten aufbrauchen.

## Tipp:

Gerade die kleinen, süßlichen Datteltomaten oder Cocktailtomaten schmecken besonders aromatisch, wenn man sie dörrt. Meist verschwinden sie schon kurz nach dem Trocknen im Mund, sie verfeinern aber auch Eintöpfe und Gemüsegerichte.

# Eingelegte getrocknete Tomaten mediterraner Art

## ZUTATEN

- 2 kg sehr aromatische Tomaten oder Cocktailtomaten
- Meer- oder Steinsalz ohne Zusätze
- 1 TL Zucker nach Belieben
- 2 l Wasser
- 100 ml Apfelessig oder Condimento bianco
- 6–8 Knoblauchzehen
- 3 TL getr. Basilikum oder Oregano
- Zesten von ½ Bio-Zitrone
- 3–4 Lorbeerblätter
- 300–400 ml Olivenöl extra Vergine
- etwas Pfeffer
- 3–4 kleine getr. Chilischoten nach Belieben
- 3–4 ausgekochte Schraubgläser (150–200 ml)

1. Die Tomaten waschen, abtrocknen und halbieren. Am besten den Ansatz herausschneiden, was bei sehr kleinen Tomaten nicht nötig ist.
2. Die Tomaten mit der Haut nach unten auf die Dörrgitter oder ein Backblech (mit Backpapier belegt) verteilen und mit Salz und eventuell Zucker bestreuen. Dörrgitter in den Dörrautomaten einlegen. Tomaten bei 55 °C 16–18 Stunden dörren, bis sie durchgetrocknet, aber noch biegsam sind.
3. Das Wasser in einem Topf zum Kochen bringen, den Apfelessig und 1 TL Salz zugeben. Tomaten und Chilischoten, wenn gewünscht, zufügen und je nach Größe 4–5 Minuten sprudelnd kochen lassen.
4. Dann durch ein Sieb abgießen und alles auf ein sauberes Küchentuch ausbreiten und mit einem weiteren Küchentuch sanft abtupfen. 1 Tag im Raum oder ein paar Stunden in der direkten Sonne antrocknen lassen.
5. Die Gläser auskochen oder 10 Minuten im vorgeheizten Backofen bei 120 °C keimfrei machen.
6. Die Knoblauchzehen schälen und in dünne Scheiben schneiden.
7. Zutaten folgendermaßen in die trockenen Gläser einschichten: erst etwas Basilikum bzw. Oregano, Knoblauch und Zitronenzesten in das Glas geben, Tomaten und Chilischoten darauf verteilen, je Glas 1 Lorbeerblatt zufügen. Danach wieder Oregano, Knoblauch und Zesten sowie Tomaten einschichten, bis das Glas voll ist. Etwas zusammendrücken und mit Öl auffüllen. Die im Glas noch enthaltene Luft steigt in Bläschen auf, erst danach Gläser verschließen.

## Tipp:

Nach 1 Tag haben die Tomaten in der Regel etwas Öl aufgesogen, daher evtl. nochmals etwas Öl zugeben, sodass alles gut damit bedeckt ist und nichts schimmeln kann.
Tomaten 3 Wochen ziehen lassen. Beim Herausnehmen von eingelegten Tomaten immer darauf achten, dass alle Zutaten weiterhin mit Öl bedeckt sind, sonst mit Olivenöl nachfüllen.
Die Tomaten halten sich kühl und dunkel gelagert mehrere Monate.
Die Tomaten schmecken sehr lecker pur als Brotbelag, in Salat, Aufstrichen oder mit Pasta.

# Stangensellerie

## ZUTATEN

400 g Stangensellerie

1. Den Sellerie putzen, waschen und in etwa 5 mm lange Stücke schneiden. Diese auf Dörrgitter verteilen. Eventuell vorher Backpapier oder Dörrfolie unterlegen, falls die Gitter gröber sind, denn die Selleriestücke werden recht klein, wenn sie getrocknet sind.
2. Dörrgitter in den Dörrautomaten einlegen und Sellerie bei 60 °C 10–12 Stunden durchtrocknen lassen.
3. Abgekühlt in ein Schraubglas füllen. Der Sellerie hält bei trockener Lagerung mindestens 6–8 Monate.

## Tipp:

Als Einlage für Gemüsegerichte Sellerie zunächst 30 Minuten lang in einer Schüssel mit kochendem Wasser einweichen, dann mitgaren.

# Knollensellerie

**ZUTATEN**

1 Knolle Sellerie

**Tipp:**

Als Einlage für Gemüsegerichte Sellerie zunächst 30 Minuten lang in einer Schüssel mit kochendem Wasser einweichen, dann mitgaren.

1. Die Knolle abwaschen und gründlich schälen. Dann in größere Stücke schneiden und in einem Mixer grob raspeln.
2. Dörrgitter mit Backpapier oder Dörrfolie belegen und die Sellerieraspel nicht mehr als 5 mm dick darauf verteilen.
3. Dörrgitter in den Dörrautomaten einlegen und Sellerie bei 60 °C 8–10 Stunden dörren.
4. Abgekühlt in ein Schraubglas füllen. Der Sellerie hält bei trockener Lagerung mindestens 8–10 Monate.

# Lauch

**ZUTATEN**

3–4 Stangen Lauch

**Tipp:**

Die abgeschnittenen dunkelgrünen Blätter und die gründlich abgespülten Wurzeln können Sie in Stücke schneiden, einige Tage lang an der Luft trocknen und dann zu Würzsalz verarbeiten oder in Gemüsebouillon, Kraftsuppen oder auch Bratensaucen verwenden.

1. Die Stangen putzen, dabei dunkelgrüne Blätter und Wurzeln entfernen. Lauch halbieren, gut mit Wasser abspülen und abtrocknen. Dann schräg in 5 mm breite Stücke schneiden.
2. Alle Stücke nebeneinander auf Dörrgitter verteilen. Dörrgitter in den Dörrautomaten einlegen und Lauch bei 60 °C in 7–8 Stunden gut durchtrocknen.
3. Innerhalb von 8–10 Monaten verbrauchen.

# Gemüsefenchel

**ZUTATEN**

2 mittelgroße Fenchelknollen

1. Die Knollen putzen, waschen und abtrocknen. Dann in 3–4 mm dicke Scheiben bzw. Stücke schneiden und diese auf Dörrschalen verteilen (wenn die Gitter grob sind, eventuell erst mit Backpapier belegen).
2. Dörrgitter in den Dörrautomaten einlegen und Fenchel bei 60 °C 8–10 Stunden trocknen.
3. Der Fenchel hält sich trocken gelagert mindestens 6–8 Monate.

**Tipp:**

Getrockneter Fenchel lässt sich prima als Alternative zu den üblichen Dickmachern knabbern, zu Fenchelsalz oder Gemüsebrühepulver verarbeiten und in Gemüsegerichten, Suppen oder Risotto verwenden.

# Getrocknete Auberginen

**ZUTATEN**

3 mittelgroße Auberginen
Salz

1. Die Auberginen putzen, waschen und in 8–10 mm dicke Scheiben schneiden oder würfeln. Wer die Auberginen später dazu verwenden möchte, etwas darin einzuwickeln, schneidet sie in 1 cm dicke lange Streifen.
2. Dörrgitter mit Dörrfolie oder Backpapier auslegen und die Auberginenstücke darauf verteilen, mit Küchenpapier trocken tupfen, wenn sie Feuchtigkeit abgeben. Leicht salzen.
3. Dörrgitter in den Dörrautomaten einlegen und Auberginen bei 60 °C 8–10 Stunden dörren.
4. Abgekühlt in Schraubgläser abfüllen und dunkel lagern.
5. Innerhalb von 8–10 Monaten verbrauchen.

## Tipp:

Die Auberginen werden ungekocht getrocknet und sollten nicht roh verzehrt werden. Wer Chips daraus machen möchte, schneidet dünnere Scheiben und blanchiert sie vor dem Trocknen 3 Minuten in kochendem Salzwasser. Dann mit eiskaltem Wasser abschrecken, auf Dörrgitter verteilen und trocken tupfen. Danach wie oben beschrieben dörren. Getrocknete Auberginen müssen Sie vor der Verwendung in Aufläufen, Gratins oder Gemüsegerichten 30 Minuten lang in heißem Wasser einweichen. Das Einweichwasser können Sie mitverwenden.

# Karotten

**ZUTATEN**

2 kg Bio-Karotten

1. Die Karotten waschen, abtrocknen und putzen. Bio-Ware muss nicht geschält werden. Danach Karotten in Stücke schneiden und in einem kräftigen Mixer grob raspeln. Dörrgitter mit Backpapier oder Dörrfolie auslegen und die Raspel darauf maximal 1 cm dick verteilen.
2. Dörrgitter in den Dörrautomaten einlegen und Karotten bei 40 °C 10–14 Stunden oder bei 65 °C entsprechend kürzer trocknen lassen.
3. Abgekühlt in Schraubgläser abfüllen oder weiterverarbeiten.
4. Innerhalb von 8–10 Monaten verbrauchen.

### Tipp:

Getrocknete Karotten eignen sich besonders gut für Würzpulver, Suppengemüsemischungen und für Saucen.

# Snackgurken mit Balsamico

**ZUTATEN**

1 Bio-Salatgurke
2 EL guter Balsamico
Kräutersalz
schwarzer Pfeffer

1. Die Gurke waschen, abtrocknen und nach Belieben schälen. Dann in 3–5 mm dicke Scheiben schneiden.
2. Scheiben auf die Dörrgitter legen und mit einem Küchentuch trocken tupfen. Mit Balsamico einpinseln, dann mit wenig Kräutersalz und Pfeffer bestreuen.
3. Dörrgitter in den Dörrautomaten einlegen und Gurkenscheiben 10 Stunden bei 50 °C trocknen.
4. Innerhalb von wenigen Tagen verbrauchen.

### Tipp:

Diese leckeren, hauchdünnen Chips machen sich auch gut in Salaten oder Suppen, zum Beispiel einer kalten Gazpacho.

# Karottenchips

## ZUTATEN

200 g Karotten
ein paar Tropfen Pflanzenöl, z. B. Sonnenblumen- oder Olivenöl
Kräutersalz

1. Die Karotten waschen, putzen, schälen und in möglichst große, aber sehr dünne Scheibchen schneiden (eventuell den Sparschäler dafür benutzen).
2. Karotten auf Dörrgitter verteilen, mit wenig Öl einpinseln und etwas salzen.
3. Dörrgitter in den Dörrautomaten einlegen und Karotten bei 60 °C in 5–8 Stunden knusprig dörren.
4. Schmecken am besten frisch.

### Tipp:

Da in diesem Rezept Öl verwendet wird, eignen sich die Karottenchips nicht zum Aufbewahren, sondern sollten frisch verzehrt werden. Zum Aufbewahren ohne Öl trocknen und mit einem Reissäckchen in einem gut schließenden Behältnis lagern.

# Zucchini

## ZUTATEN

500g junge Zucchini
Kräutersalz
etwas Knoblauchpulver
Pfeffer

1. Die Zucchini putzen, waschen und abtrocknen. Für sehr knusprige Chips Zucchini in 2–3 mm dicke Scheiben hobeln, für etwas kompaktere in 5–8 mm dicke Scheiben.
2. Zucchinischeiben nebeneinander auf die Dörrgitter legen und mit Küchenkrepp trocken tupfen. Danach mit etwas Kräutersalz, dann mit Knoblauchpulver und Pfeffer würzen.
3. Dörrgitter in den Dörrautomaten einlegen und die dünnen Chips 5–7 Stunden, die dickeren 12–14 Stunden bei 60 °C trocknen.
4. Abkühlen lassen und mit Reisbeutelchen in Behältern aufbewahren.
5. Innerhalb von 6–8 Monaten verbrauchen.

### Tipp:

Sie können die Zucchinichips auch erst dörren und danach würzen. Probieren Sie einfach verschiedene Geschmacksrichtungen aus: mit Paprikapulver, mediterran, salzig

# Knoblauch

**ZUTATEN**

3 frische Knoblauchknollen

1. Den Knoblauch schälen und am besten in Scheiben hobeln, klein schneiden oder im Mixer grob raspeln.
2. Dörrgitter mit Backpapier oder Dörrfolie belegen und den zerkleinerten Knoblauch darauf verteilen.
3. Dörrgitter in den Dörrautomaten einlegen und Knoblauch bei 50 °C 10–12 Stunden schonend trocknen, dabei zwischendurch umschichten.
4. Trocken und dunkel gelagert hält sich der Knoblauch in Schraubgläsern 8–10 Monate.

## Tipp:

Getrockneten Knoblauch können Sie mit Salz zu einem guten Knoblauchsalz vermahlen (im Verhältnis 50 : 50). Er eignet sich aber auch zerkleinert oder im Mörser zerstoßen bestens zum Aromatisieren von Kräuter- bzw. Knoblauchöl, da er so gut wie keine Feuchtigkeit mehr enthält, die das Öl verderben kann.

# Kürbis

## ZUTATEN

1 kleiner Hokkaido- oder Butternutkürbis
1 l Wasser
1 Schuss guter Weinessig
1 TL Salz
1 TL Zucker
Kräutersalz nach Belieben

1. Kürbis schälen, entkernen und in Spalten zerteilen. Daraus 5–7 mm dicke Scheiben schneiden.
2. Wasser in einen Topf geben und zum Kochen bringen, Essig, Salz und Zucker zufügen. Die Kürbisstücke darin 2 Minuten blanchieren, dann mit einem Schaumlöffel herausheben. Die Scheiben auf Dörrgitter verteilen und nach Belieben mit etwas Kräutersalz bestreuen.
3. Dörrgitter in den Dörrautomaten einlegen und Kürbis bei 65 °C 10–12 Stunden gut durchtrocknen.
4. Abkühlen lassen und mit Reisbeutelchen in Behältern aufbewahren.
5. Innerhalb von 8–10 Monaten verbrauchen.

### Tipp:

Getrockneter Kürbis schmeckt nicht nur gut als Snack, sondern ergibt auch eine sehr feine Einlage in cremigen Gemüsesuppen. Dazu aber vorher einweichen!

# Dreierlei Süßkartoffelchips

**ZUTATEN**

500 g Süßkartoffeln

1. Süßkartoffeln schälen, waschen und in sehr dünne Scheiben (maximal 1 mm) schneiden.
2. Vor dem Weiterverarbeiten die Scheiben 1 ½ Stunden lang in einer Schüssel mit Wasser einlegen. Dann je nach Geschmacksvariante weiterverfahren.
3. Am besten frisch verbrauchen.

## Süß-sauer

**ZUTATEN**

1 l Wasser
1 Schuss guter Weinessig
1 TL Salz
1 TL Zucker
2 EL Olivenöl
1 TL Garam Masala

1. Wasser in einem Topf zum Kochen bringen, Essig, Salz und Zucker zufügen. Süßkartoffeln darin 2 Minuten blanchieren, dann mit einem Schaumlöffel herausheben. Die Scheiben auf Dörrgitter verteilen.
2. Dörrgitter in den Dörrautomaten einlegen und die Süßkartoffeln bei 75 °C 2 Stunden lang antrocknen lassen.
3. Aus Olivenöl und Garam Masala ein Würzöl anrühren und die Scheiben damit bepinseln. Bei 65 °C weitere 12–14 Stunden trocknen.

## Rohvegan

**ZUTATEN**

Kräutersalz
edelsüßes Paprikapulver

1. Süßkartoffelscheiben auf den Dörrgittern verteilen und mit einem Tuch etwas abtupfen. Dann mit Kräutersalz und Paprikapulver bestreuen.
2. Dörrgitter in den Dörrautomaten einlegen und Süßkartoffeln bei 45 °C 8–12 Stunden gut durchtrocknen.

## Sonnengetrocknet

**ZUTATEN**

1 EL Sonnenblumenöl
½ TL Kräutersalz
½ TL Currypulver
1 TL Apfelessig

1. Öl, Salz, Currypulver und Essig in einer großen Schüssel verrühren. Die Süßkartoffelscheiben dazugeben und gut mit der Marinade vermischen, sodass sie damit überzogen sind.
2. Die Süßkartoffeln nun auf ein mit Backpapier belegtes Backblech oder ein Gitter auslegen und 4–6 Stunden in der direkten Sonne trocknen (alternativ auf die Heizung stellen). Dabei öfters wenden, bis alle Scheiben schön durchgetrocknet sind.

### Tipp:

Rohvegan und sonnengetrocknet sind die Süßkartoffelchips etwas bitterer, als wenn sie stärker erwärmt werden. Außerdem werden sie dann auch knuspriger. Da alle Chips schnell Feuchtigkeit aus der Umgebungsluft ziehen, schmecken sie am besten frisch.

# Wirsingchips

## ZUTATEN

1 Bio-Wirsing (alternativ Grünkohl)
2 EL Teriyakisauce
2 EL Worcestersauce
1 EL Zitronensaft
4 EL Wasser oder Apfelsaft
1 TL edelsüßes Paprikapulver
1 TL geräuchertes Paprikapulver
1 EL Meersalz ohne Zusätze
1 Prise Chilipulver nach Belieben
1 TL Olivenöl (wenn die Chips frisch gegessen werden, sonst weglassen)

1. Die Blätter des Wirsings einzeln abzupfen, waschen und trocken tupfen. Die mittlere Rippe jeweils herausschneiden. Dann die Blätter auf einem Brett übereinanderlegen und mit einem Nudelholz kräftig darüberwalzen.
2. Die restlichen Zutaten in einer großen Schüssel zu einer Marinade verrühren. Die Blätter kleiner reißen, in die Schüssel geben und gut mit der Marinade vermischen. Die marinierten Blätter nebeneinander auf Dörrgitter verteilen.
3. Dörrgitter in den Dörrautomaten einlegen und Wirsing bei 40 °C 24 Stunden oder bei 60 °C 6–8 Stunden (so werden sie knuspriger) dörren.
4. Am besten frisch oder innerhalb weniger Tage verbrauchen.

# Spargel

**ZUTATEN**

1 ½ kg weißer Spargel

1. Den Spargel gründlich schälen und die Abschnitte entfernen. Die Köpfchen abschneiden, halbieren und separat auf ein Dörrgitter legen, sie schmecken besonders fein und eignen sich gut zum Verfeinern von Suppen.
2. Die Stangen in 2–3 cm lange Stücke schneiden. Dörrgitter mit Backpapier oder Dörrfolie belegen (die Stücke fallen sonst durch, sie werden recht klein) und die Spargelstücke darauf verteilen.
3. Dörrgitter in den Dörrautomaten einlegen und Spargel dann bei 60 °C 8–10 Stunden (je nach Dicke der Stangen) sehr trocken dörren.
4. Abgekühlt in Gläser abpacken (die Spargelköpfe in ein eigenes Glas geben) oder weiterverarbeiten.
5. Innerhalb von 8–10 Monaten verbrauchen.

## Tipp:

Da Spargel nur begrenzt Saison hat (zumindest in guter Qualität und regional), bietet sich das Trocknen an, um ihn auch zu anderen Zeitpunkten im Jahr genießen zu können.
Wen der etwas bittere Geschmack nicht stört, der knabbert ihn einfach so zwischendurch, sonst passt er wunderbar in Nudelsaucen, Risotto (siehe Seite 71) oder dient als Basis für eine leckere Spargelcremesuppe (siehe Seite 94).
Das Rezept funktioniert natürlich auch mit grünem Spargel. Sie müssen dann nur das untere Drittel abschälen und er braucht nur 6–9 Stunden zum Trocknen, da er etwas weniger Wasser beinhaltet.

# Feines Spargelrisotto

**ZUTATEN**
**FÜR 4 PORTIONEN**

30 g getrockneter Spargel (siehe Seite 70)
50 g eingelegte, getrocknete Tomaten (siehe Seite 52) nach Belieben
700–800 ml Hühner-, Gemüse- oder Spargelbrühe (je nach Reissorte)
100 g Schalotten
70 g Butter
300 g Risottoreis
100 ml trockener Weißwein
1 EL Gemüsebrühepulver (siehe Seite 84)
1–2 TL Zucker
Salz
etwas abgeriebene Schale von 1 Bio-Zitrone
70 g geriebener Parmesan
Pfeffer
1 EL frisch gehackte Kräuter, z. B. Basilikum, Petersilie oder Dill

1. Spargel und Tomaten, sofern verwendet, in eine Schüssel geben, mit der Brühe begießen und 1–2 Stunden einweichen.
2. Dann durch ein Sieb abgießen und die Brühe dabei auffangen.
3. Schalotten schälen und klein schneiden. Die Hälfte der Butter bei mittlerer Hitze in einem größeren Topf zerlassen und die Schalotten darin glasig dünsten. Das Gemüse mit dem Reis zugeben und ebenfalls glasig dünsten. Mit dem Wein ablöschen, Gemüsebrühepulver, Zucker und etwas Salz zugeben. Unter Rühren weiterköcheln, bis der Wein verkocht ist.
4. Immer wieder einen guten Schuss Brühe zugeben und Reis im offenen Topf sanft köcheln. Nachgießen, sobald die Flüssigkeit verkocht ist, denn der Reis soll immer damit bedeckt sein.
5. Das Risotto ist fertig, wenn der Reis zwar weich ist, aber noch ein wenig Biss hat und das Risotto schön sämig ist (das dauert 25–30 Minuten).
6. Den Zitronenabrieb unterrühren. Anschließend den Parmesan und die restliche Butter untermischen, mit Salz und Pfeffer abschmecken und mit den frisch gehackten Kräutern bestreut servieren.

**Tipp:**

Zu dem Spargelrisotto schmecken Meeresfrüchte oder kurz gebratener Fisch sehr gut.

# Grünkernrisotto mit getrocknetem Gemüse

## ZUTATEN FÜR 1 PORTION

500 ml Wasser
1 kleine Handvoll getrockneter Fenchel (siehe Seite 56)
1 kleine Handvoll getrocknete Karottenraspel (siehe Seite 60)
1 kleine Handvoll getrocknete Sellerieraspel (siehe Seite 55)
1 mittelgroße Zwiebel
Pflanzenöl zum Braten
200 g Grünkern
2 TL Gemüsebrühepulver (siehe Seite 84)
½ TL Kräutersalz oder Selleriesalz (siehe Seite 78)

1. Wasser zum Kochen bringen, die getrockneten Gemüsesorten in einen mittelgroßen Kochtopf geben, mit dem kochenden Wasser übergießen und 20 Minuten einweichen lassen.
2. In der Zwischenzeit die Zwiebel schälen, fein hacken und in einer Pfanne mit etwas Pflanzenöl anschwitzen, bis sie leicht Farbe annimmt.
3. Den Grünkern zufügen und kurz mitanschwitzen.
4. Das Gemüse durch ein Sieb abgießen, dabei das Einweichwasser auffangen und auf 500 ml auffüllen. Gemüse und Einweichwasser in die Pfanne geben. Das Gemüsebrühepulver einrühren und alles 20 Minuten unter gelegentlichem Rühren abgedeckt köcheln.
5. Herd ausschalten und Grünkernrisotto etwa 20 Minuten quellen lassen. Zwischendurch ab und zu umrühren.
6. Mit dem Kräutersalz abschmecken und genießen.

# WÜRZPULVER UND KRÄUTERSALZE

Selbst gemachte Würzpulver sind ausgesprochen lecker und bereichern die Küche durch eine wunderbare Aromenvielfalt, denn die Kombinationsmöglichkeiten sind nahezu unbegrenzt. Und selbst gemachtes Suppenbrühepulver aus natürlichen und gesunden Zutaten ersetzt gekauftes Pulver oder Brühwürfel und schmeckt viel besser. Ein weiterer Vorteil: Wer Gemüse in seiner »normalen« Form nicht so gerne mag, dem kann man auf diese Art und Weise doch noch etwas klammheimlich »unterjubeln«

Einsetzbar sind diese Pulver sowohl als Würzmittel für diverse Gerichte – entweder ohne oder mit Salz – oder in den süßen Varianten für Desserts beziehungsweise mit Zucker oder Xylit vermahlen auch in Getränken. Innerhalb von 4–6 Monaten verbrauchen.

# Wildkräutersalz

## ZUTATEN

200 g frische Wildkräuter, z. B. Vogelmiere, Giersch, Bärlauch, Brennnesseln, Scharbockskraut, Sauerampfer, Spitzwegerich, Gänseblümchen, Gundermann, Taubnesseln, Labkraut, Frauenmantel usw., gerne bunt gemischt, aber immer die jungen Blätter oder Triebspitzen verwenden
100 g Steinsalz ohne Zusätze

1. Dörrschalen oder -gitter mit Backpapier belegen.
2. Die Kräuter verlesen, kalt abwaschen und in einer Salatschleuder trocken schleudern oder mit einem Küchentuch trocken tupfen.
3. Dann möglichst fein hacken und in einer Schüssel mit dem Salz mischen. Etwa 5 mm dick in den Dörrschalen verteilen, diese in den Dörrautomaten einlegen und Salz bei 40 °C 10–16 Stunden gut durchtrocknen. Zwischendurch gelegentlich durchmischen.
4. Danach Salz im Mörser oder Mixer fein mahlen und in Gläser abfüllen, trocken und dunkel lagern.
5. Am besten innerhalb von 4–6 Monaten verbrauchen.

### Tipp:

Das etwas herbe, manchmal auch bittere Aroma der Wildkräuter wird in diesem duftenden Kräutersalz eingefangen. Es würzt ganz hervorragend alle deftigen Speisen und liefert eine gute Portion Mineral- und Vitalstoffe. Sie können damit auch eine feine Wildkräuterbutter herstellen. Sowohl die Butter als auch das Salz passen besonders gut zu Gegrilltem, Salatdressing und zu Fisch.
Wer es nicht so herb mag, gibt ein paar Tropfen Honig und etwas Zitronensaft mit in die Butter

# Bärlauchsalz

**ZUTATEN**

60–70 g Bärlauch
abgeriebene Schale von ½ Bio-Zitrone
50 g Steinsalz ohne Zusätze

1. Den Bärlauch waschen, mit Küchenpapier trocken tupfen und fein hacken. In einer Schüssel mit dem Zitronenabrieb und dem Salz gründlich vermischen.
2. Mit Küchenpapier abgedeckt ein paar Tage lang an einem warmen, aber lichtgeschützten Platz stehen lassen, bis alles sehr trocken ist. Oder auf Backpapier verteilen, auf die Dörrgitter legen und bei 40 °C 10–14 Stunden im Dörrautomatentrocknen.
3. Das trockene Salz anschließend im Mörser oder Mixer fein mahlen und in Gläser abfüllen.
4. Am besten innerhalb von 4–6 Monaten verbrauchen.

## Tipp:

Beim Sammeln von Bärlauch bitte darauf achten, dass er leicht mit dem giftigen Maiglöckchen und der ebenso giftigen Herbstzeitlosen zu verwechseln ist! Bärlauch hat einen knoblauchartigen Geruch und die Blätter wachsen einzeln an einem Stiel direkt aus dem Boden. Wer Knoblauch nicht verträgt, hat mit Bärlauch oft keine Probleme.

# Pilzgewürzpulver

**ZUTATEN**

400 g braune Bio-Champignons, Pfifferlinge oder gemischte Waldpilze
30 g Knoblauch
120 g Zwiebeln
6 g Steinsalz ohne Zusätze
3 g Kubebenpfeffer oder schwarzer Pfeffer

1. Die Champignons nur mit einer weichen Bürste säubern, nicht waschen. Den Stielansatz soweit nötig entfernen. Pilze in 1–2 mm dicke Scheiben schneiden. Dann so auf die Dörrgitter verteilen, dass sie nicht übereinanderliegen.
2. Knoblauch und Zwiebeln schälen und in 1 mm dünne Scheiben schneiden, ebenfalls auf die Dörrgitter verteilen.
3. Dörrgitter in den Dörrautomaten einlegen und Gemüse bei 65 °C 6–10 Stunden sehr trocken dörren. Danach auskühlen lassen und mit dem Salz und den Pfefferkörnern in einem kräftigen Mixer oder einer Gewürzmühle zu einem feinen Pulver mahlen. In Gläser abfüllen.
4. Am besten innerhalb von 4–6 Monaten verbrauchen.

## Tipp:

Dieses leckere Gewürzpulver verfeinert Saucen, Suppen, Marinaden und Gemüse.

# Karottengrünpulver

## ZUTATEN

Grün von 1 Bund Bio-Karotten

1. Das Grün von den Karotten abschneiden und gut waschen. (Wird kein Bio-Gemüse verwendet, 1 EL Natron auf 4 l Wasser auflösen, das Grün 15 Minuten darin liegen lassen und dann mit klarem Wasser abspülen). Die dickeren Stiele abknipsen, die Blätter auf einem Tuch ausbreiten und mit einem weiteren Tuch trocken tupfen.
2. Dörrschalen oder -gitter mit Backpapier belegen. Das Grün auf Dörrschalen ausbreiten und im Dörrautomaten etwa 3 Stunden bei 60 °C dörren.
3. Das Grün lässt sich auch gut an der Luft trocknen, dazu auf einem Tuch ausbreiten, mit Küchenpapier abdecken und ein paar Tage lang gut durchtrocknen lassen.
4. Das trockene Kraut etwas zerkleinert in ein Gläschen abfüllen oder zu Pulver mahlen.
5. Am besten innerhalb von 4–6 Monaten verbrauchen.

## Tipp:

Normalerweise wird das Grün der Karotten abgeschnitten und nicht weiterverwendet. Doch das ist schade, denn es ist recht gesund und schmeckt getrocknet gut als Würzpulver, als Zusatz für Suppengrün, in Kräuterölen oder Würzsalzen.

Das Grün eines kompletten Bundes Karotten passt getrocknet in ein kleines Schraubglas.

# Selleriesalz

## ZUTATEN

250 g Knollensellerie
300 g Stangensellerie
100 g Steinsalz ohne Zusätze
1 TL Selleriesamen nach Belieben

1. Den Sellerie waschen, putzen, den Knollensellerie schälen und beide Sorten in Stücke schneiden. Mit dem Salz in einem Mixer zu Brei zerkleinern. 4–5 mm dick auf mit Backpapier oder Dörrfolie ausgelegte Dörrgitter verteilen.
2. Dörrgitter in den Dörrautomaten einlegen und Selleriesalz bei 60 °C 8–10 Stunden gut durchtrocknen lassen.
3. Alternativ dazu funktioniert auch das Trocknen an der Luft. Dafür das Selleriesalz auf ein mit Backpapier belegtes Backblech legen und ein paar Tage (je nach Witterung) in die Sonne stellen, bis die Mischung durchgetrocknet ist. (Nachts auf jeden Fall nicht draußen lassen.)
4. Das trockene Selleriesalz mit den Selleriesamen, falls verwendet, in einem Mixer, einer Gewürzmühle oder einem Mörser fein mahlen. In Gläser abfüllen, davor unten etwas Reis einfüllen.
5. Am besten innerhalb von 4–6 Monaten verbrauchen.

### Tipp:

Dieses kräftig-würzige Gemüsesalz passt zu fast allen herzhaften Gerichten, Suppen und auch in Kräuterbutter. Wer Probleme mit den Nieren hat, sollte lieber darauf verzichten, denn es wirkt wassertreibend auf den Körper.

# Buntes Paprikapulver

**ZUTATEN**

2 rote Paprikaschoten
1 gelbe Paprikaschote
2 grüne Paprikaschoten (Gesamtmenge Paprika etwa 800 g)
10 g frische Chilischote nach Belieben

1. Paprikaschoten putzen, waschen, abtrocknen und dann in 2–3 cm breite Stücke schneiden.
2. Chili, wenn verwendet, ebenfalls waschen, abtrocknen und längs aufschneiden. Die Kerne entfernen oder für mehr Schärfe drinlassen. Schote in Stücke schneiden.
3. Gemüse auf den Dörrgittern verteilen, diese in den Dörrautomaten einlegen und Paprika 10–12 Stunden bei 60 °C gut durchtrocknen.
4. Die trockenen Stücke in einem Mixer oder einer Gewürzmühle fein mahlen und dann mit einem Reisbeutelchen in ein trockenes Schraubglas (am besten aus Dunkelglas) abfüllen. Gemahlene Paprika neigt schnell zu Schimmelbildung, daher ist es besser, immer nur einen Teil der getrockneten Paprika zu mahlen und zu verbrauchen.
5. Am besten innerhalb von 4–6 Monaten verbrauchen.

## Tipp:

Paprika und Chili eignen sich auch gut zum Trocknen an der Luft. Entweder die Stücke mit einer Stopfnadel und einem festen Bindfaden (aus natürlichem Material) so auffädeln, dass noch Platz dazwischen ist, und an einem luftigen und vor Nässe und direkter Sonne geschützten Platz aufhängen. Oder auf mit Tüchern belegten Backblechen ausbreiten, mit Baumwolltüchern als Insektenschutz abdecken und trocknen lassen. Dabei ab und zu wenden.

# Ingwer-Orangen-Pulver

**ZUTATEN**

500 g frischer Bio-Ingwer
50 g frisches Zitronengras
70 g abgeriebene Schale von Bio-Orangen (alternativ Mandarinen oder Zitronen)

1. Ingwer waschen, abtrocknen und ungeschält grob zerschneiden. Das Zitronengras waschen, abtrocknen und in Stücke schneiden. Beides mit der Orangenschale in einem Mixer möglichst fein mahlen, alternativ sehr fein schneiden.
2. Dörrgitter mit Backpapier auslegen und die Ingwer-Orangen-Mischung darauf 5 mm dick verteilen. Dörrgitter in den Dörrautomaten einlegen und Mischung bei 40 °C 10–12 Stunden trocknen.
3. Alternativ lufttrocknen, dazu Mischung auf einem Teller ausbreiten, mit einem Tuch abdecken und mehrere Tage (je nach Temperatur und Luftfeuchtigkeit) trocknen lassen. Dabei mehrmals umschichten.
4. Wenn alles gut durchgetrocknet ist, Mischung in einem starken Mixer oder einer Gewürzmühle fein mahlen. In Gläser abfüllen und innerhalb von etwa 3 Monaten verbrauchen.
5. Am besten innerhalb von 4–6 Monaten verbrauchen.

### Tipp:

Das Ingwer-Orangen-Pulver eignet sich mit Zucker oder Xylit gemischt gut als Gewürzzucker sowie zum Würzen von asiatischen Gerichten, heißer Milch oder Tee, für Marinaden, Gewürzmischungen, Kuchen, Saucen, Suppen und Desserts.

# Minzzucker (Melissenzucker)

**ZUTATEN**

100g frische Minze oder Melisse
abgeriebene Schale von 1 Bio-Zitrone
50g weißer Zucker

1. Die Minze kalt abspülen und trocken schütteln (geht gut in einer Salatschleuder). Anschließend fein hacken. Mit der Zitronenschale und dem Zucker entweder in einem Mörser zu einem grünen Brei verreiben oder in einem Mixer fein zerkleinern.
2. Dörrgitter mit Backpapier oder Dörrfolie auslegen und die Masse darauf etwa 3 mm dick ausstreichen. Dörrgitter in den Dörrautomaten einlegen und Minzzucker bei 45 °C 10–14 Stunden lang trocknen. Oder auf einem Backblech an der Luft trocknen lassen.
3. Minzzucker im Mörser oder einem Mixer fein mahlen und in Gläser abfüllen. Trocken aufbewahrt, hält er etwa 3–4 Monate.

*Tipp:*

Der Minzzucker schmeckt lecker zu frischen Trockenfrüchten (z. B. Nashi-Birnen, siehe Seite 35), Eis, Pudding, Cremes und Desserts sowie zum Aromatisieren in Bowle.

# Himbeer-Vanille-Pulver

**ZUTATEN**

700 g TK-Himbeeren
2 EL Vanillezucker
2 EL Limoncello nach Belieben

1. Die Himbeeren antauen lassen, mit den anderen Zutaten in eine Schüssel geben und mit dem Stabmixer pürieren.
2. Dörrschalen mit Backpapier oder Dörrfolie auslegen und die Mischung darauf etwa 5 mm dick ausstreichen. Dörrgitter in den Dörrautomaten einlegen und Mischung bei 50 °C 10–14 Stunden sehr gut durchtrocknen. Nach der Hälfte der Zeit die Fruchtplatte umdrehen, das Backpapier ablösen und die Masse fertig trocknen.
3. Die getrocknete Fruchtplatte in Stücke brechen und in einem Mixer sehr fein mahlen. Trocken aufbewahrt, hält das Pulver etwa 3–5 Monate.

## Tipp:

Alle, die die Kerne in den Himbeeren nicht mögen, werden dieses Pulver lieben, wenn es wirklich fein gemahlen ist. Es verstärkt den Geschmack von Konfitüren und Eiscreme, macht sich auch gut in Süßspeisen, Backwaren und Fruchtsaucen und ist besonders gut geeignet für die Herstellung von Fruchtlikör, da es kein Wasser enthält.

# TROCKENGEMÜSE, GEMÜSEPULVER, INSTANTSUPPEN

Wie praktisch diese selbst gemachten Pulver, Trockengemüsemischungen und Instantsuppen sind, werden Sie schnell merken, doch darüber hinaus sind sie noch besonders schmackhaft, gesund und völlig ohne synthetische Zusatzstoffe oder Geschmacksverstärker. Ein Muss für jeden Suppenkasper und Freund der vegetarischen Küche! Wichtig ist die trockene Lagerung, am besten immer etwas Reis als unterste Schicht in die Gläser füllen oder ein bis zwei Reisbeutelchen mit hineingeben.

# Feines Gemüsebrühepulver

**ZUTATEN**

- 350 g Karotten
- 200 g Pastinaken oder Petersilienwurzeln
- 75 g Knollensellerie
- 70 g Lauch
- 75 g Lauchzwiebeln
- 30 g Petersilie
- 20 g Knoblauch
- 40 g Steinsalz oder Meersalz ohne Zusatzstoffe

1. Karotten, Pastinaken und Sellerie putzen, waschen, schälen, abtrocknen und in Stücke schneiden. Bio-Ware nicht schälen.
2. Lauch und Lauchzwiebeln putzen, gründlich waschen, abtrocknen und klein schneiden. Petersilie waschen, trocken schütteln und grob zerkleinern. Den Knoblauch schälen. Gemüse und Kräuter in einem kräftigen Mixer fein zerkleinern, aber nicht pürieren. Dann mit dem Salz vermischen.
3. Mehrere Dörrgitter mit Backpapier oder Dörrfolie belegen und die Gemüsemischung etwa 1 cm dick darauf verteilen. Dörrgitter in den Dörrautomaten einlegen und Mischung bei 60 °C 5–6 Stunden trocknen. Zwischendurch am besten einmal durchmischen.
4. Das gut durchgetrocknete Gemüse anschließend in einem starken Mixer oder einer Gewürzmühle fein mahlen. Mit einem Reisbeutel in Gläser abfüllen.
5. Am besten innerhalb von 4–6 Monaten verbrauchen.

### Tipp:

Dieses leckere Würzpulver verfeinert so gut wie jede herzhafte Speise, es wirkt wie ein (natürlicher und gesunder) Geschmacksverstärker. Nur sparsam einsetzen, denn es ist recht intensiv!

# Suppentrockengemüse

## ZUTATEN

1 kg Suppengemüse (Karotten, Sellerie, Petersilie und Lauch)
200 g Zwiebeln
50 g Liebstöckel
30 g Knoblauch nach Belieben

1. Suppengemüse putzen, schälen, waschen, mit einem Küchentuch abtrocknen und in Stücke schneiden. (Bio-Ware nicht schälen.) Zwiebeln schälen und klein schneiden. Liebstöckel verlesen, waschen, trocken schütteln und grob zerpflücken. Knoblauch, sofern verwendet, schälen.
   Gemüse und Kräuter in einem kräftigen Mixer fein zerkleinern, aber nicht pürieren.
2. Mehrere Dörrgitter mit Backpapier oder Dörrfolie belegen und die Gemüsemischung etwa 1 cm dick darauf verteilen. Dörrgitter in den Dörrautomaten einlegen und Mischung bei 60 °C 5–6 Stunden trocknen. Zwischendurch möglichst einmal durchmischen.
3. Das trockene Gemüse entweder gleich abfüllen oder erst in einem starken Mixer oder einer Gewürzmühle fein mahlen. Beim Abfüllen in Gläser Reisbeutelchen zufügen.
4. Am besten innerhalb von 6–8 Monaten verbrauchen.

### Tipp:

Suppen und Brühen lassen sich mit diesem Trockengemüse ganz schnell herstellen: einfach auf 1 l Wasser zu dem Fleisch oder den Knochen 2 EL Suppentrockengemüse geben und alles 30 Minuten köcheln.

# Tomatensuppenpulver

**ZUTATEN**

1,2 kg aromatische Tomaten
100 g Zwiebeln
20 g Knoblauch nach Belieben
80 g Bio-Tomatenmark
1 Handvoll Basilikumblätter
10 g Salz ohne Zusätze
½ TL Pfeffer
70 g Dinkelmehl

1. Tomaten waschen, Stielansätze entfernen und Fruchtfleisch klein schneiden. Zwiebeln und Knoblauch (wenn gewünscht) schälen und zerkleinern. Gemüse mit dem Tomatenmark und dem gewaschenen Basilikum in einem Mixer pürieren.
2. Die Dörrgitter mit Backpapier belegen und die Masse darauf etwa 4 mm dick verteilen. Dörrgitter in den Dörrautomaten einlegen und Mischung bei 60 °C in 10–14 Stunden komplett durchtrocknen.
3. Anschließend Tomatenplatten in Stücke brechen und mit dem Salz in einem Mixer oder einer Gewürzmühle sehr fein mahlen. Dann in einer Schüssel mit dem Pfeffer und dem Mehl gründlich vermischen.
4. Suppenpulver mit Reisbeutelchen oder Reis in Gläser abfüllen und trocken und dunkel lagern. Innerhalb von 3–4 Monaten verbrauchen.

# Tomatensuppe

**ZUTATEN FÜR 1 PORTION**

1 gehäufter EL Tomatensuppenpulver (siehe Seite 88)
200 ml Wasser
2 EL Sahne oder 1 EL Schmand
Salz
Pfeffer
frisch gehackte Kräuter, z. B. Schnittlauch, Petersilie oder Liebstöckel

1. Pulver und Wasser in einem Topf zum Kochen bringen und 4–5 Minuten köcheln.
2. Sahne oder Schmand einrühren, mit Salz und Pfeffer abschmecken und mit den gehackten Kräutern bestreut servieren.

## Tipp:

Als Suppeneinlage oder Topping schmecken Brotchips (siehe Seite 154) oder Croutons lecker.

# Meerrettichpulver

**ZUTATEN**

1 Stück Meerrettichwurzel, am besten Bioqualität

1. Den Meerrettich abwaschen, abtrocknen und schälen. Dann mit einer Reibe fein reiben. Achtung: Frischer Meerrettich ist zwar sehr gesund, aber gleichzeitig auch unglaublich scharf und reizt leicht die Augen und die Atemwege.
2. Den geriebenen Meerrettich nun entweder auf einem mit Backpapier belegten Blech verteilen und abgedeckt mit einem Tuch ein paar Tage an einem warmen Platz trocknen oder auf ein mit Backpapier belegtes Dörrgitter geben und im Dörrautomaten bei 45 °C 6–8 Stunden trocknen. Zwischendurch umschichten.
3. Den getrockneten Meerrettich sofort verwenden oder im Mörser oder einer Gewürzmühle fein mahlen und in Gläser abfüllen.
4. Am besten innerhalb von 4–6 Monaten verbrauchen.

## Tipp:

Sie können dieses Pulver zur Herstellung von selbst gemachtem Senf verwenden, für Meerrettichsahne mit geschlagener Sahne anrühren (zum Sofortverbrauch) oder damit Suppen, Saucen oder Sushi würzen. Es schmeckt immer noch scharf und ist aufgrund der enthaltenen Senfglykoside sehr gesund, da es antibiotisch und antiviral wirkt. Die meisten Wasabipasten enthalten übrigens nur wenig echten japanischen Wasabi, der Rest ist der »normale« Meerrettich mit etwas grünem Farbstoff.

# Pilzsuppenpulver

**ZUTATEN**

1 kg braune Champignons und/ oder andere Pilze
250 g Lauchzwiebeln
100 g Pastinaken oder Petersilienwurzeln
400 g mehligkochende Kartoffeln
1 Bund Petersilie
1 TL Salz
½ TL Pfeffer
1 TL getr. Thymian
1 TL edelsüßes Paprikapulver

1. Champignons putzen, große halbieren. Lauchzwiebeln waschen und putzen, in Stücke schneiden. Pastinaken schälen und in Stücke schneiden. Kartoffeln schälen und in Stücke schneiden.
2. Alles dann in einem Mixer grob zerkleinern, Gewürze untermischen.
3. Die Dörrgitter mit Backpapier belegen und die Masse darauf etwa 5 mm dick verteilen. Dörrgitter in den Dörrautomaten einlegen und Mischung bei 65 °C in 12–14 Stunden durchtrocknen.
4. Anschließend in Stücke brechen und in einem Mixer oder einer Gewürzmühle sehr fein mahlen.
5. Suppenpulver mit Reisbeutelchen oder Reis in Gläser abfüllen und trocken und dunkel lagern. Innerhalb von 4–6 Monaten verbrauchen.

### Tipp:

Sie können aus dem Pulver eine schnelle Suppe zubereiten oder es für einen intensiveren Geschmack in einer anderen Suppe mit Pilzen 5 Minuten mitkochen. Es eignet sich auch zum Andicken und Aromatisieren von Saucen.

# Pilzsuppe

**ZUTATEN FÜR 1 PORTION**

1 gehäufter EL Pilzsuppenpulver (siehe Seite 91)
200 ml Wasser
2 EL Sahne oder 1 EL Schmand
Salz
Pfeffer
frisch gehackte Kräuter, z. B. Schnittlauch, Petersilie oder Liebstöckel

1. Pulver und Wasser in einem Topf zum Kochen bringen und 4–5 Minuten köcheln.
2. Sahne oder Schmand einrühren, mit Salz und Pfeffer abschmecken und mit den gehackten Kräutern bestreut servieren.

## Tipp:

Wer mag, schwitzt erst in etwas Butter 1 TL kleingehackte Zwiebeln an und kocht noch ein paar frische, zerkleinerte Pilze mit.

# Spargelcremesuppenpulver

**ZUTATEN**

getrockneter Spargel aus 1 ½ kg Spargel (ca. 50 g; siehe Seite 70)
3 TL Zucker
½ TL Salz
90 g Dinkelmehl oder Weizenmehl
4 EL Gemüsebrühepulver (siehe Seite 84)
¼ TL weißer Pfeffer aus der Mühle

1. Den getrockneten Spargel mit dem Zucker und dem Salz in einem Mixer oder einer Gewürzmühle sehr fein mahlen. Mit den restlichen Zutaten in einer Schüssel gründlich vermischen.
2. Mit einem Reisbeutelchen in ein Schraubglas abfüllen und innerhalb von 3–4 Monaten aufbrauchen.

# Spargelcremesuppe

## ZUTATEN FÜR 1 PORTION

25 g Butter
1 EL Spargelcremesuppenpulver (siehe Seite 93)
200 ml Gemüsefond oder Wasser
1 Schuss Sahne
Kräutersalz

1. Die Butter in einem kleinen Topf schmelzen, das Suppenpulver hinzugeben und kurz darin anschwitzen.
2. Mit Gemüsefond oder Wasser ablöschen und aufkochen lassen. Die Sahne unterrühren, Suppe mit Salz abschmecken – fertig.

### Tipp:

Wer mag, gibt noch ein paar frisch gehackte Kräuter oder etwas Pesto auf die Suppe. Auch Croûtons oder Brotchips (siehe Seite 154) sind eine leckere Suppeneinlage.

# TEATIME!

Wer eigene Kräuter im Garten hat oder gerne im Freien sammelt, kann sich wunderbare Kräutertees zusammenstellen. Tees aus getrockneten Früchten schmecken herrlich frisch und können ganz nach Belieben gemischt werden. Im Winter können Sie dann würzige Teesorten genießen und sich so genussvoll an den Sommer erinnern.

# Salbei-Zitronen-Tee

## ZUTATEN

50 g Zitronengras
2 Bio-Zitronen
50 g Salbeiblätter

1. Alle Zutaten waschen und abtrocknen. Zitronengras klein schneiden, Schale der Zitronen mit einer Reibe abreiben und Salbei fein hacken.
2. Die Zutaten in einer Schüssel vermischen. Dörrgitter mit Dörrfolie oder Backpapier belegen und die Mischung darauf verteilen.
3. Dörrgitter in den Dörrautomaten einlegen und Mischung bei 40 °C 6–10 Stunden durchtrocknen lassen.
4. In Schraubgläser abfüllen und am besten innerhalb von 6 Monaten aufbrauchen.

# Früchtetee

**ZUTATEN**

500 g Erdbeeren
1 Bio-Zitrone
2 Bio-Äpfel
4 Zweige frische Minze
1 Tonkabohne

1. Die Erdbeeren entstielen, waschen und grüne oder schlechte Stellen entfernen. Dann in 4–5 mm dicke Scheiben schneiden und diese auf Dörrgitter legen.
2. Zitrone und Äpfel waschen, abtrocknen und in 4–5 mm dicke Scheiben schneiden. Danach noch weiter zerkleinern, dazu eventuell in einem Mixer grob hacken.
3. Minze waschen, trocken schütteln, fein hacken und zu dem Zitronen-Apfel-Gemisch geben.
4. Dörrgitter mit Backpapier auslegen, die Masse darauf 1 cm dick ausstreichen. Dörrgitter in den Dörrautomaten einlegen und Mischung sowie Erdbeeren bei 50 °C 14–18 Stunden trocknen, bis die Früchte ganz trocken sind.
5. Die Erdbeeren in Stücke brechen und in einer Schüssel mit den anderen getrockneten Zutaten und der geraspelten Tonkabohne gründlich mischen.
6. Früchtetee mit einem Reisbeutelchen in ein Schraubglas füllen und innerhalb von 4–6 Monaten aufbrauchen.

**Tipp:**

Wer mehr Farbe im Tee mag, mischt noch 10 g zerkleinerte, getrocknete Hibiskusblüten unter.

# Wildkräutertee

**ZUTATEN**

1 Handvoll junge Brombeertriebe

2 Handvoll junge Brennnesseln

1 Handvoll junge Gierschblätter

1. Die Kräuter verlesen, waschen, trocken schütteln und nur grob zerkleinern, nicht hacken. Eventuell Dörrschalen mit Backpapier auslegen. Die Kräuter locker auf die Dörrschalen verteilen und im Dörrautomaten bei 40 °C 10–12 Stunden gut durchtrocknen.
2. Oder auf ein Blech oder ein Brett geben und abgedeckt an einem eher lichtgeschützten und warmen Platz lufttrocknen lassen.
3. Teemischung mit einem Reisbeutelchen in ein Schraubglas oder eine Dose füllen und innerhalb von 4–6 Monaten aufbrauchen.

## Tipp:

Diese schnell gemachte Teemischung verwöhnt das ganze Jahr über mit dem kraftvollen Aroma des Frühlings. Zusätzlich stärkt sie die Abwehr, hilft beim Entgiften von Schlacken, besonders während Diäten, und regt die Entwässerung an. Immer nur junge Triebe oder Triebspitzen an Stellen fern von Abgasen oder Hundehinterlassenschaften sammeln. Für einen leckeren Tee 2 EL davon mit 1 l kochendem Wasser überbrühen, 8–10 Minuten abgedeckt ziehen lassen und über den Tag verteilt, eventuell mit etwas Honig gesüßt, trinken.

# Winterzaubertee

## ZUTATEN

- 20 g getrocknete Hibiskusblüten
- 30 g mit Schale getrockneter Apfel, in kleinen Stücken (siehe Seite 32)
- 1 g getr. Bio-Zitronenschale (ohne die weiße Unterhaut!)
- 2 g getr. Bio-Orangenschale
- 30 g Bio-Rosinen
- 20 g Mandeln
- 1 getr. Vanilleschote
- 10 Gewürznelken
- 2 Zimtstangen
- 2 Sternanis
- 3 g getr. Ingwer

Alle Zutaten zerkleinern, aber nicht pulverisieren, und in einer Schüssel gründlich vermischen. In ein Schraubglas füllen und vor Verwendung 1 Woche ziehen lassen.

## Tipp:

Vanilleschoten und Ingwer zum Trocknen einfach in Stücke (Vanilleschote) bzw. dünne Scheiben (Ingwer) schneiden, auf einen flachen Teller legen und innerhalb von 3–4 Tagen lufttrocknen.

# Rosenknospentee mit Vanille

## ZUTATEN

3 Handvoll Rosenknospen aus dem Garten (Schnittblumen werden gespritzt und sind daher ungeeignet)
1 Vanilleschote
2 EL getr. Himbeeren

1. Die Rosenknospen waschen, abtrocknen und auf Dörrgitter verteilen. Die Vanilleschote in 1 cm große Stücke schneiden und ebenfalls auf Dörrgitter legen. Dörrgitter in den Dörrautomaten einlegen und Rosenknopsen und Vanille bei 40 °C 12–20 Stunden trocknen lassen (je nach Größe der Knospen).
2. Oder lufttrocknen, dazu Rosenknospen und Vanillestücke auf ein Tablett legen und abgedeckt einige Tage trocknen lassen.
3. Danach Vanille möglichst fein mahlen und mit den getrockneten Rosenknospen und den grob gemörserten Himbeeren vermischt in ein Schraubglas füllen. Vor Verwendung 1 Woche durchziehen lassen.
4. Den Tee mit einem Reisbeutelchen in ein Schraubglas füllen und innerhalb von 4–5 Monaten aufbrauchen.

### Tipp:

Für die Zubereitung eines leckeren Tees pro Tasse 2 TL der Teemischung mit abgekochtem, heißem Wasser aufgießen, 6–10 Minuten ziehen lassen, dann abseihen und genießen.

# HERRLICH ZART UND UNGEWÖHNLICH: FRUCHTLEDER UND GEMÜSELEDER

Eigentlich könnte man diese Leckereien als getrocknete Smoothies bezeichnen. Aus verschiedenen Früchten oder Gemüse wird ein Püree hergestellt, nach Belieben gesüßt und mit Kokosflocken, Chiasamen oder Nüssen vermischt und dann im Dörrautomaten flach ausgestrichen getrocknet. Durch den Wasserentzug werden die Fruchtleder in der Regel knusprig oder etwas gummibärenartig, wenn man die Schicht dicker lässt oder Sirup, Honig oder Konfitüre zufügt. Aufgerollt werden sie zum dekorativen Hingucker und verfeinern Desserts, Eis oder Fruchtsalate. Aber auch pur sind sie ein beliebter Snack für zwischendurch.

Die Leder können Sie je nach Geschmack entweder mit Reisbeutelchen luftdicht verpacken und lagern oder mit Luftzufuhr verwahren, dann können sie hart werden. Falls Schimmel auftritt oder sich der Geruch unangenehm verändert, nicht mehr verwenden!

# Rotes Beerenfruchtleder

## ZUTATEN

400 g Erdbeeren
120 g Himbeeren
230 g reifes Mangofruchtfleisch
1 EL Zitronensaft
1 Prise gem. Vanille (alternativ 1 Päckchen Vanillezucker)
3 EL Erythrit nach Belieben

1. Erdbeeren entstielen. Mit den Himbeeren vorsichtig waschen und trocken tupfen. Beeren, Mango, Zitronensaft und Vanille in einem Mixer sehr fein pürieren. Nach Belieben mit Erythrit süßen.
2. 2–3 Dörrgitter mit Backpapier belegen. Das Fruchtpüree kreisförmig oder rechteckig 5–8 mm dick aufgießen, dabei sollte der Fladen zur Mitte hin etwas dünner sein als an den Rändern.
3. Dörrgitter in den Dörrautomaten einlegen und Beerenmischung bei 50 °C 12 Stunden trocknen. Nach etwa 8 Stunden bzw. wenn die Oberseite bereits fest getrocknet ist, das Backpapier vorsichtig von der Beerenplatte abziehen und diese umgedreht fertig dörren.
4. Fruchtleder in Stücke brechen und mit Reisbeutelchen luftdicht verpackt lagern.
5. Am besten innerhalb von 2–4 Monaten aufbrauchen.

### Tipp:

Erythrit schmeckt erfrischend minzig, genau richtig für den Sommer. Wer es nicht mag, kann es weglassen oder durch Zucker, Honig oder Agavendicksaft ersetzen.

# Himbeer-Minze-Röllchen

## ZUTATEN

250 g frische oder TK-Himbeeren
1 Spritzer Zitronensaft
1 EL Vanillezucker nach Belieben
1 EL Honig oder Agavendicksaft
1 TL frisch gehackte Minze

1. Die Himbeeren vorsichtig waschen und trocken tupfen oder antauen lassen.
2. Alle Zutaten in einem Mixer oder mit dem Pürierstab sehr fein pürieren.
3. Dörrgitter mit Backpapier belegen. Das Fruchtpüree kreisförmig oder rechteckig 5 mm dick aufgießen, der Fladen sollte zur Mitte hin etwas dünner sein als an den Rändern.
   Dörrgitter in den Dörrautomaten einlegen und Masse bei 50 °C 12–16 Stunden trocknen. Nach etwa 8 Stunden bzw. wenn die Oberseite bereits gut getrocknet ist, Backpapier vorsichtig abziehen und das Fruchtleder umgedreht fertig dörren. Noch frisch in Stücke zerteilen, diese in Röllchen drehen, mit Butterbrotpapier umwickeln und mit Haushaltsgummi oder Küchenfaden fixieren.
4. Die Röllchen auskühlen lassen und mit Reisbeutelchen verpackt luftdicht lagern.
5. Am besten innerhalb von 2–4 Monaten aufbrauchen.

# Mango-Lemon-Fruchtkreise

**ZUTATEN**

200 g reifes Mangofruchtfleisch
Saft von ½ Zitrone
70 g Lemon Curd

1. Mangofruchtfleisch in einem Mixer oder mit dem Pürierstab sehr fein pürieren, Zitronensaft und Lemon Curd zugeben und nochmals durchmixen.
2. 1 Dörrgitter mit Backpapier belegen. Das Fruchtpüree in mehreren Kreisen 5–8 mm dick aufgießen, die Fladen sollten zur Mitte hin etwas dünner sein als an den Rändern.
3. Dörrgitter in den Dörrautomaten einlegen und Fruchtkreise bei 55 °C 12–14 Stunden trocknen. Nach etwa 8 Stunden bzw. wenn die Oberseite bereits gut getrocknet ist, Backpapier vorsichtig abziehen und Fruchtkreise umgedreht fertig dörren.
4. Durch den Lemon Curd bleibt das Leder etwas gummibärenartig. Mit Reisbeutelchen verpackt luftdicht lagern.
5. Am besten innerhalb von 2–4 Monaten aufbrauchen.

# Fruchtleder Traube-Leinsamen-Banane

**ZUTATEN**

100 g rote Trauben
80 g Banane
7 g Leinsamen

1. Trauben waschen und abtrocknen. Banane schälen und in Stücke schneiden.
2. Früchte und Leinsamen in einem Mixer oder mit dem Pürierstab sehr fein pürieren.
3. Dörrgitter mit Backpapier belegen und das Fruchtpüree kreisförmig oder rechteckig 5–8 mm dick aufgießen, der Fladen sollte zur Mitte hin etwas dünner sein als an den Rändern.
4. Dörrgitter in den Dörrautomaten einlegen und Masse bei 50 °C 12–16 Stunden trocknen. Nach etwa 8 Stunden bzw. wenn die Oberseite bereits gut getrocknet ist, Backpapier vorsichtig abziehen und die Platte umgedreht fertig dörren.
5. Fruchtleder in Stücke zerteilen und mit Reisbeutelchen verpackt luftdicht lagern.
6. Am besten innerhalb von 2–4 Monaten aufbrauchen.

# Erdbeer-Apfel-Knusperblätter

## ZUTATEN

150 g Apfel
200 g Erdbeeren
1 EL Orangenschalenzucker (siehe Tipp)

1. Apfel schälen, entkernen und in Stücke schneiden. Erdbeeren entstielen, waschen und abtrocknen.
2. Alle Zutaten in einem Mixer fein zerkleinern. Dörrgitter mit Backpapier auslegen und die Masse darauf 3–4 mm dick verstreichen.
3. Dörrgitter in den Dörrautomaten einlegen und Masse bei 65 °C 10–14 Stunden trocknen. Nach 4–5 Stunden das Backpapier abziehen und die Platte umgedreht fertig trocknen.
4. Fruchtleder in Stücke brechen oder schneiden und mit Reisbeutelchen verpackt luftdicht lagern.
5. Am besten innerhalb von 2–4 Monaten aufbrauchen.

### Tipp:

Für Orangenschalenzucker eine Bio-Orange gründlich abwaschen und abtrocknen. Die Schale mit einer Reibe abnehmen und mit 4 EL Zucker gründlich vermischen, in ein Schraubglas abfüllen. Innerhalb von 2–3 Monaten aufbrauchen.

# Trauben-Pfirsich-Leder

## ZUTATEN

125g rote Trauben
abgeriebene Schale von ½ Bio-Zitrone
50g Pfirsichkonfitüre

1. Die Trauben gründlich waschen und abtrocknen. Mit der Zitronenschale und der Konfitüre in einem Mixer sehr fein pürieren.
2. Dörrgitter mit Backpapier belegen, das Fruchtpüree kreisförmig oder rechteckig 5–8 mm dick aufgießen, der Fladen sollte zur Mitte hin etwas dünner sein als an den Rändern.
3. Dörrgitter in den Dörrautomaten einlegen und Masse bei 50 °C 14–16 Stunden trocknen, nach etwa 8 Stunden bzw. wenn die Oberseite bereits fest getrocknet ist, Backpapier vorsichtig abziehen und Fruchtleder umgedreht fertig dörren. Durch die Konfitüre bleibt das Fruchtleder etwas gummibärenartig.
4. Leder in Stücke schneiden und mit Reisbeutelchen verpackt luftdicht lagern.
5. Am besten innerhalb von 2–4 Monaten aufbrauchen.

# Ananas-Banane-Fruchtleder

## ZUTATEN

200 g reife Ananas
80–100 g reife Banane
1 Spritzer Zitronensaft
½ EL Orangenschalenzucker (siehe Seite 105)
3 EL Kokosraspel

1. Ananas und Banane schälen und in Stücke schneiden. Alle Zutaten in einen Mixer geben und fein mixen. Dörrgitter mit Backpapier auslegen, die Masse daraufgeben und 5 mm dick ausstreichen.
2. Dörrgitter in den Dörrautomaten einlegen und Masse bei 65 °C 10–14 Stunden trocknen. Nach 4–5 Stunden das Backpapier abziehen und die Platte umgedreht fertig trocknen.
3. Fruchtleder in Stücke schneiden und mit Reisbeutelchen verpackt luftdicht lagern.
4. Am besten innerhalb von 2–4 Monaten aufbrauchen.

# Fruchtleder Manane

**ZUTATEN**

170 g Mangofruchtfleisch
130 g reife Banane
10 ml Zitronensaft
1 Tonkabohne

1. Mango in Stücke schneiden, Banane schälen und ebenfalls zerkleinern. Fruchtstücke in einem Mixer oder mit dem Pürierstab sehr fein pürieren, Zitronensaft zufügen. Die Tonkabohne hineinreiben, nochmals durchmischen.
2. 1 Dörrgitter mit Backpapier belegen und das Fruchtpüree kreisförmig oder rechteckig 5–8 mm dick aufgießen, der Fladen sollte zur Mitte hin etwas dünner sein als an den Rändern.
3. Dörrgitter in den Dörrautomaten einlegen und Masse bei 50 °C 12 Stunden trocknen. Nach etwa 8 Stunden bzw. wenn die Oberseite bereits gut getrocknet ist, Backpapier vorsichtig abziehen und Platte umgedreht fertig dörren.
4. Fruchtleder in Stücke zerteilen und mit Reisbeutelchen verpackt luftdicht lagern.
5. Am besten innerhalb von 2–4 Monaten aufbrauchen.

# Kiwi-Zitrone-Fruchtleder

## ZUTATEN

100 g Kiwi

½ Bio-Zitrone

1–2 EL Zucker oder Xylit

1. Kiwi schälen und in Stücke schneiden. Die Zitrone waschen, gut abtrocknen und die Schale abreiben. Die weiße Haut abschälen und das Fruchtfleisch klein schneiden.
2. Alle Zutaten im Mixer fein zerkleinern. Dörrgitter mit Backpapier auslegen und die Masse darauf 3–4 mm dick verstreichen.
3. Dörrgitter in den Dörrautomaten einlegen und Masse bei 65 °C 10–14 Stunden trocknen. Nach 4–5 Stunden Backpapier abziehen und Platte umgedreht fertig trocknen. Sofort in Stücke schneiden, daraus feine Rollen drehen, mit Butterbrotpapier umwickeln und mit Haushaltsgummi oder Küchenfaden fixieren. Röllchen fest werden lassen und mit Reisbeutelchen verpackt luftdicht lagern.
4. Am besten innerhalb von 2–4 Monaten aufbrauchen.

# Zartes Gemüseleder

### ZUTATEN

1 rote Paprikaschote
1 Bio-Apfel
5 cm Rosmarintriebspitze
10 g Chiasamen
1 Prise Pfeffer
½ TL Salz
1 TL Honig oder Agavendicksaft

1. Paprika und Apfel waschen, abtrocknen, putzen und in Stücke schneiden. Dann im Mixer feincremig pürieren. Die restlichen Zutaten zufügen und nochmals mixen.
2. Dörrgitter mit Backpapier auslegen, die Masse darauf ausstreichen, wobei der Fladen zum Rand hin dicker werden sollte. Dörrgitter in den Dörrautomaten einlegen und Masse bei 50 °C 12–14 Stunden trocknen. Nach etwa 8 Stunden bzw. wenn die Oberseite bereits trocken ist, Backpapier vorsichtig abziehen und Platte umgedreht fertig dörren.
3. Gemüseleder in Stücke zerteilen und mit Reisbeutelchen verpackt luftdicht lagern.
4. Am besten innerhalb von 2–4 Monaten aufbrauchen.

# Tomatenleder

**ZUTATEN**

500 g Cocktailtomaten
1 EL frisch gehacktes Basilikum
10 g Tomatenmark
5 g scharfer Senf
½ TL Kräutersalz
1 Prise Pfeffer

1. Tomaten waschen und abtrocknen. Mit den anderen Zutaten in einem Mixer fein zerkleinern.
2. Dörrgitter mit Backpapier auslegen, die Masse darauf etwa 3–4 mm dick aufbringen, der Fladen sollte dabei zum Rand hin dicker werden.
3. Dörrgitter in den Dörrautomaten einlegen und Masse bei 50 °C 12–14 Stunden trocknen. Nach etwa 8 Stunden bzw. wenn die Oberseite bereits trocken ist, Backpapier vorsichtig abziehen und Platte umgedreht fertig dörren.
4. Schmeckt frisch und knusprig am besten, Reste mit Reisbeutelchen verpackt luftdicht lagern.
5. Am besten innerhalb von 2–4 Monaten aufbrauchen.

# FLEISCH UND FISCH

Trockenfleisch und getrockneter Fisch haben eine lange Tradition. Das Dörren war in der kühlschranklosen Vergangenheit eine der wenigen Möglichkeiten, um diese Lebensmittel über längere Zeit zu konservieren.

Heute sind Trockenfleisch und -fisch wieder in Mode gekommen, denn sie schmecken, gerade wenn man sie hauchdünn und knusprig trocknet, sehr lecker und passen sogar in beliebte Diäten wie zum Beispiel die Low-Carb-Ernährung. Außerdem ergänzen sie den »Zwischendurchspeiseplan« bei anstrengenden Sport- und Trainingstätigkeiten durch ihren hohen Eiweiß- und niedrigen Fettgehalt.

Sie sollten vor allem fettarmes Fleisch verwenden, denn Fett verdirbt schnell und wird dann ranzig. Je hochwertiger das Fleisch ist, desto besser schmecken natürlich auch die verschiedenen Jerkys. Um sicherzugehen, sollte Fleisch bei höheren Temperaturen getrocknet werden, damit Bakterien abgetötet werden. Vor allem die erreichte Innentemperatur ist dafür wichtig, daher sollte Fleisch in der Regel mindestens 15 Minuten bei 70–75 °C gedörrt werden. So halten sich auch die nicht zusätzlich konservierten selbst getrockneten Fleisch- und Fischspezialitäten mehrere Monate, sofern sie gut und trocken gelagert werden.

# Beef Jerk asiatisch (Grundrezept)

**ZUTATEN**

600 g Rindfleisch, z. B. Rinderhüfte
2 Stängel Zitronengras
2 Knoblauchzehen
15 g frisches Koriandergrün
1 ½ EL Ingwerpulver
3 EL Sojasauce
1 TL Meersalz
75 ml Ahornsirup
150 ml Sake

1. Das Rindfleisch in 2–3 mm dünne und 2 cm breite Streifen schneiden (evtl. vom Metzger dünne Scheiben vorschneiden lassen).
2. Das Zitronengras waschen, mit einem Messerrücken andrücken und in 1–2 cm lange Stücke zerteilen. Knoblauch schälen und klein schneiden. Koriander waschen, trocken schütteln und hacken.
3. Alle Zutaten außer dem Rindfleisch in einer Schüssel zu einer Marinade rühren. Das Fleisch einlegen, sodass es rundum gut mit der Sauce benetzt ist. Mit Klarsichtfolie direkt in Kontakt mit der Fleischoberfläche bedecken und im Kühlschrank mindestens 6 Stunden oder über Nacht ziehen lassen.
4. Die Flüssigkeit abschütten und das Zitronengras entfernen. Das Fleisch mit Küchenkrepp etwas abtupfen. Dann auf den Dörrgittern (evtl. mit Backpapier oder Dörrfolie belegen) so auslegen, dass sich die Streifen nicht berühren.
5. Dörrgitter in den Dörrautomaten einschieben und Fleisch bei 70 °C etwa 6–8 Stunden ganz trocken dörren. Je nach Dicke der Scheiben und Dörrapparat auch länger. In den Fleischstücken sollte für mindestens 10–15 Minuten eine Kerntemperatur von etwa 70 °C erreicht werden!
6. Die Fleischstreifen komplett abgekühlt in Gläser oder dicht schließende Kunststoffdosen verpacken und jeweils einen Reisbeutel zugeben.
7. Innerhalb von 3 Monaten verbrauchen.

# Rauchiges Beef Jerk

## ZUTATEN

100 g rote Zwiebeln
3 Knoblauchzehen
1 Kiwi
1 gehäufter TL bunte Pfefferkörner
10 Wacholderbeeren
200 ml Rotwein
2 TL Hickory-Rauchsalz
2 gehäufte TL getr. Rosmarin
2 TL Paprikapulver, edelsüß
1 EL flüssiger Honig
einige Tropfen Raucharoma nach Belieben
500 g fettarmes Rindfleisch

1. Zwiebeln und Knoblauch schälen, Zwiebeln grob zerkleinern und Knoblauch zerdrücken. Kiwi ebenfalls schälen und zerdrücken. Pfefferkörner und Wacholderbeeren im Mörser etwas zerdrücken.
2. Alle Zutaten außer dem Fleisch in einer Schüssel zu einer Marinade verrühren.
3. Das Rindfleisch in 3 cm breite und 3–4 mm dicke Streifen schneiden und in die Marinade einlegen, sodass es gut damit bedeckt ist. Über Nacht mit Frischhaltefolie bedeckt im Kühlschrank marinieren.
4. Die Flüssigkeit abgießen, die Zwiebelstücke und Gewürze entfernen und das Fleisch eventuell abwaschen. Dörrgitter mit Dörrfolie oder Backpapier belegen und Fleischstreifen darauf so verteilen, dass sich die Streifen nicht berühren.
5. Mit der Zubereitung wie im Grundrezept fortfahren.
6. Innerhalb von 3 Monaten verbrauchen.

# Beef Jerk nach Männerart

**ZUTATEN**

200 ml kräftiges Bier, z. B. Guiness
3 EL zerkleinerte Röstzwiebeln
1 EL Paprikapulver, edelsüß
1 TL getr. Petersilie
1 gestr. EL Kräutersalz
1 TL Pfeffer aus der Mühle
400 g fettarmes Rindfleisch

1. Alle Zutaten außer dem Fleisch in einer Schüssel zu einer Marinade verrühren.
2. Das Fleisch in 5 mm dicke und 2–3 cm breite Streifen schneiden und in die Marinade einlegen, sodass es rundum gut mit der Sauce benetzt ist. Mit Klarsichtfolie bedeckt im Kühlschrank über Nacht ziehen lassen.
   Die Flüssigkeit abschütten und das Fleisch so auf den Dörrgittern auslegen, dass sich die Streifen nicht berühren.
3. Mit der Zubereitung wie im Grundrezept fortfahren.
4. Innerhalb von 3 Monaten verbrauchen.

# Beef Jerk mit Trockenrub

**ZUTATEN**

2 EL Kaffeepulver
2 EL Paprikapulver, edelsüß
2 EL brauner Rohrzucker
1 TL Kräutersalz
2 TL Gemüsebrühepulver (siehe Seite 84) nach Belieben
½–1 TL Chilipulver (je nach gewünschter Schärfe)
400 g fettarmes Rindfleisch

1. Alle Zutaten außer dem Fleisch in einer Schüssel vermischen.
2. Das Fleisch in 2–3 mm dünne und 2 cm breite Streifen schneiden und von allen Seiten mit dem Trockenrub würzen.
3. Die Fleischstreifen so auf den Dörrgittern auslegen, dass sich die Streifen nicht berühren.
4. Mit der Zubereitung wie im Grundrezept fortfahren.
5. Innerhalb von 3 Monaten verbrauchen.

# Gyros Jerky

**ZUTATEN**

250g pariertes Schweinefilet
5TL Gyrosgewürz

1. Das Fleisch in 5 mm dicke und 2 cm breite Streifen schneiden und mit dem Gyrosgewürz überziehen. Fleischstreifen so auf den Dörrgittern auslegen, dass sie sich nicht berühren.
2. Mit der Zubereitung wie im Grundrezept fortfahren.
3. Innerhalb von 3 Monaten verbrauchen.

# Senf-Kalbfleisch

**ZUTATEN**

250g Kalbsschnitzel
1 EL getr. Basilikum
1 TL getr. Liebstöckel
1 TL Kräutersalz
1 TL Paprikapulver, edelsüß
1 EL scharfer Senf
5–6 EL Wasser

1. Das Fleisch waschen, trocken tupfen und in 4–5 mm dicke und 2 cm breite Streifen schneiden.
2. Aus den restlichen Zutaten in einer Schüssel eine Marinade anrühren und das Fleisch damit von allen Seiten einpinseln.
3. Fleischstreifen so auf den Dörrgittern auslegen, dass sich die Streifen nicht berühren. Dörrgitter in den Dörrautomaten einlegen und Fleisch bei 70 °C 6–8 Stunden dörren, bis alles gleichmäßig durchgetrocknet ist.
4. Abgekühlt in Gläser oder dicht schließende Kunststoffdosen verpacken und jeweils einen Reisbeutel zugeben. Innerhalb von 3 Monaten verbrauchen.

# Schnitzel Jerky

## ZUTATEN

abgeriebene Schale von 1 Bio-Zitrone
4 TL Ahornsirup
4 TL Weißweinessig
¼ TL Meersalz
¼ TL Chilipulver nach Belieben
2 g frisch gehackte Salbeiblätter
250 g Schweine- oder Kalbsschnitzel

1. Alle Zutaten außer dem Fleisch in einer Schüssel zu einer Marinade verrühren.
2. Das Fleisch waschen, trocken tupfen und in 2–3 cm breite Streifen schneiden. In die Marinade einlegen und zugedeckt 2 Stunden im Kühlschrank ziehen lassen.
3. Das Fleisch so auf den Dörrgittern auslegen, dass sich die Streifen nicht berühren. Dörrgitter in den Dörrautomaten einlegen und Fleischbei 70 °C 6–8 Stunden dörren, bis alles gleichmäßig durchgetrocknet ist.
4. Abgekühlt in Gläser oder dicht schließende Kunststoffdosen verpacken und jeweils einen Reisbeutel zugeben.
5. Innerhalb von 3 Monaten verbrauchen.

# Lachsstreifen mit Kräutern

## ZUTATEN

200 g möglichst frisches Lachsfilet
2 TL getr. Basilikum
abgeriebene Schale von 1 Bio-Zitrone
2 TL Zitronensaft
5 TL Teriyaki- oder Sojasauce
1 Prise scharfes Grillgewürz oder Chilipulver
1 TL brauner Zucker

1. Den Lachs waschen und mit Küchenpapier abtrocknen.
   Die Haut abziehen, wenn sie als Fischhautleckerlis (siehe Seite 143) weiterverarbeitet werden soll. Den Fisch dann in etwa 4 mm dicke Streifen schneiden.
2. Aus den restlichen Zutaten in einer Schüssel eine Marinade anrühren. Die Fischstreifen dazugeben, gut vermischen und 20 Minuten abgedeckt im Kühlschrank marinieren.
3. Lachsstreifen auf Dörrgitter verteilen und im Dörrautomaten bei 70–75 °C 6–8 Stunden trocknen. Zwischendurch die Gitter durchwechseln. Die Lachsstreifen sollen wirklich gut durchgetrocknet sein.
4. Lachsstreifen abgekühlt in Behälter geben und trocken und kühl (aber nicht im Kühlschrank) lagern.
5. Innerhalb von 2–3 Wochen aufbrauchen.

### Tipp:

Lachs hält sich aufgrund des höheren Fettgehaltes nicht lange bzw. das enthaltene gesunde Fett wird nach einiger Zeit ranzig und schmeckt nicht mehr gut. Daher Lachsstreifen unbedingt schnell verzehren.

# Hühnchen

## ZUTATEN

400g Hühnchenfleisch (Brustfilet)
1 EL Paprikapulver, edelsüß
1 EL Currypulver
1 EL Ingwerpulver
1 Prise Chilipulver
5 EL Teriyaki- oder Sojasauce
5 EL Wasser

1. Das Fleisch abwaschen und gründlich mit Küchenpapier abtrocknen. Dann quer zur Faser in schmale Streifen mit etwa 5 mm Dicke schneiden.
2. Aus den restlichen Zutaten in einer Schüssel eine Marinade anrühren. Die Hühnchenstreifen hineingeben, alles gut vermischen und Fleisch zugedeckt 2 Stunden im Kühlschrank marinieren.
3. Dörrgitter mit Backpapier belegen und das abgetropfte Fleisch so darauf ausbreiten, dass sich die Streifen nicht berühren.
4. Dörrgitter in den Dörrautomaten einlegen und Fleisch bei 75 °C 6–7 Stunden trocknen, dabei die Gitter jede Stunde umwechseln, falls es sich um einen Bodendörrautomaten handelt. Alles muss komplett durchgetrocknet sein!
5. Fleisch abgekühlt in luftdichte Dosen bzw. Behälter geben und jeweils ein Reisbeutelchen zufügen. Innerhalb von 2 Monaten verbrauchen.

# Lachsschinkenchips

**ZUTATEN**

200 g milder Lachsschinken, dünn geschnitten

1. Die Schinkenscheiben nebeneinander auf Dörrgitter verteilen. Dörrgitter in den Dörrautomaten einlegen und Schinken bei 60 °C 4–6 Stunden gut kross dörren.
2. Die Scheiben schmecken frisch am besten. Reste abgekühlt in Gläser füllen (Fetttröpfchen vorher abtupfen) und innerhalb von 2–3 Monaten verbrauchen.

# Chicken Jerky

## ZUTATEN

500 g sehr frisches Hühnerbrustfilet
1 gestr. TL Salz
½ TL bunte Pfefferkörner
1 TL getr. Rosmarin
1 TL Currypulver

1. Das Fleisch mit kaltem Wasser abspülen und mit Küchenkrepp trocken tupfen. Dann in 4–5 mm dicke Streifen schneiden.
2. Die Gewürze im Mörser zu einem groben Pulver zerdrücken und die Fleischstreifen damit gleichmäßig einreiben.
3. Dörrgitter in den Dörrautomaten einlegen und Fleisch bei 75 °C 5–7 Stunden lang trocknen, dabei die Gitter stündlich wechseln, wenn Sie einen Bodendörrautomaten haben. Alles muss komplett durchgetrocknet sein!
4. Abgekühlt mit Reisbeutelchen in Behälter geben, trocken lagern und innerhalb von 2 Monaten verbrauchen.

# Ingwer-Chicken-Trockenfleisch

**ZUTATEN**

700 g Hühnchenfleisch (Brustfilet)
25 g frischer Ingwer
15 ml Zitronensaft
40 g Teriyakisauce
20 g Kokosblütenzucker, Palmzucker oder brauner Rohrzucker

1. Das Fleisch abwaschen, gründlich mit Küchenpapier abtrocknen und dann schräg bzw. quer zur Faser in 3–5 mm dicke, schmale Streifen schneiden.
2. Ingwer schälen und fein würfeln oder reiben. Mit Zitronensaft, Teriyakisauce und Zucker in einer Schüssel zu einer Marinade verrühren.
3. Das Fleisch hineingeben und mit der Sauce vermischen, sodass es gut damit bedeckt ist. Zugedeckt 2 Stunden im Kühlschrank marinieren, zwischendurch durchrühren.
4. Dörrgitter mit Backpapier belegen und die abgetropften Fleischstreifen so darauf ausbreiten, dass sie sich nicht berühren.
5. Dörrgitter in den Dörrautomaten einlegen und Fleisch bei 75 °C 6–7 Stunden lang trocknen, dabei die Gitter stündlich wechseln, wenn Sie einen Bodendörrautomaten haben. Alles muss komplett durchgetrocknet sein!
6. Die Chickenstreifen abgekühlt in Dosen bzw. Behälter geben und jeweils ein Reisbeutelchen zufügen. Innerhalb von 2 Monaten aufessen.

### Tipp:

Das Hühnchenfleisch ist besonders anfällig für Salmonellenbefall, daher sind sauberes Arbeiten und ganz frisches Fleisch extrem wichtig. Außerdem sollte es unbedingt mindestens 20 Minuten auf eine Kerntemperatur von 75 °C erhitzt werden, um Bakterien abzutöten. Deshalb arbeiten wir im Dörrapparat und im Backofen mit 75–80 °C.

# Getrocknete Krabben

## ZUTATEN

300 g Eismeerkrabben, vorgekocht

**Für Knoblauchkrabben:**

20 ml Sojasauce

5 g Knoblauchpulver

**Für Chilikrabben:**

20 ml Sojasauce

1 Prise Chilipulver

7 g Paprikapulver, edelsüß

1 Prise brauner Zucker

1. Die Krabben in ein Sieb geben und gründlich mit sehr kaltem Wasser durchspülen. Abtropfen lassen und mit etwas Küchenpapier abtupfen.
2. In 2 Schüsseln die Zutaten für die Knoblauchsauce und die für die Chilisauce verrühren. Jeweils 150 g Krabben pro Schüssel dazugeben und gut durchmengen.
3. Krabben auf die Dörrgitter verteilen und im Dörrautomaten bei 60 °C 6–8 Stunden trocknen. Dabei mehrmals die Dörrgitter umwechseln. Die Krabben sind fertig, wenn sie »rascheltrocken« sind.
4. Abgekühlt mit Reisbeutelchen in Gläser oder Dosen geben und kühl, aber nicht im Kühlschrank lagern. Innerhalb von 3 Monaten verbrauchen.

### Tipp:

Gewürzte und gedörrte Krabben sind sehr lecker als Knabbersnack, können aber auch verschiedene Gerichte wie Salate, Eintöpfe, Suppen, asiatische Gerichte und Marinaden bereichern. Vor der Verwendung in Gerichten 1 Stunde in heißem Wasser oder Kokosmilch einweichen oder pulverisieren.

# BROT UND CRACKER

Dörrbrot ist besonders gut verträglich und liefert aufgrund der enthaltenen Saaten und Nüsse sehr viele verdauungsfördernde Ballaststoffe, hochwertige ungesättigte Fettsäuren sowie viele Mineralstoffe. Es ähnelt ein bisschen dem Knäckebrot, beinhaltet aber kein herkömmliches Mehl und wird auch nicht gebacken, sondern ausschließlich getrocknet. Die meisten Rezepte sind zudem glutenfrei. Grundsätzlich halten sich diese Brotarten mehrere Monate, sie müssen dafür jedoch richtig trocken gelagert werden, damit sie nicht schimmeln. Frisch und knusprig schmecken sie allerdings am besten. Wer mag, gibt noch Gewürze wie Kurkuma, Currypulver oder Paprikapulver dazu, sie färben das Brot sehr schön, aber nicht übertreiben, sonst schmeckt das Ganze bitter.

# Gemüsebrot

**ZUTATEN**

- 2 EL Leinsamen
- 3 EL Chiasamen
- 2 EL Flohsamen
- 100 g Dinkelflocken
- 500 g Bio-Karotten
- 300 g Bio-Knollensellerie
- 100 g Zwiebeln
- 3 Knoblauchzehen
- 1 TL Kurkuma
- 1 TL Paprikapulver, edelsüß
- 2 TL Gemüsebrühepulver (siehe Seite 84)
- 2 TL Salz
- ½ TL Pfeffer
- 1 TL Honig oder Agavendicksaft

1. Die Samen und die Dinkelflocken in einem Mixer fein mahlen und dann in eine Schüssel umfüllen.
2. Karotten und Sellerie putzen, waschen und in Stücke schneiden. Zwiebeln und Knoblauch schälen. Gemüse im Mixer zu einer feinen Paste mixen. Zusammen mit den Gewürzen und dem Honig zu den Samen geben und gut durchmischen.
3. Dörrgitter mit Backpapier oder Dörrfolie auslegen und die Masse gut 5 mm dick darauf ausstreichen. Dörrgitter in den Dörrautomaten einlegen.
4. In Rohkostqualität: Masse bei 40 °C etwa 20–26 Stunden lang dörren lassen, bis es ganz durchgetrocknet ist.
5. Lufttrocknung: Alternativ die Masse mit einem Baumwolltuch abdecken und in der Sonne trocknen.
6. Brot in Stücke zerteilen und mit Reisbeutelchen zusammen luftdicht (dann bleibt es weich) oder in Leintücher eingewickelt (dann bleibt es knusprig) lagern.
7. Am besten innerhalb von 3–4 Wochen verzehren.

# Sonnenblumenbrot

**ZUTATEN**

- 200 g Karotten
- 200 g Pastinaken
- 150 g gemahlene Leinsamen
- 400 g Sonnenblumenkerne
- 30 g Flohsamenschalen
- 1 EL Salz
- 1 EL Paprikapulver, edelsüß
- ½ TL Pfeffer

1. Karotten und Pastinaken schälen und in Stücke schneiden. Mit den restlichen Zutaten in einen Mixer geben und zu einer festen Masse mixen.
2. Teig herausnehmen, zu 3 kleinen Laiben formen und diese auf die Dörrgitter setzen. 30 Minuten lang ruhen lassen, dann Dörrgitter in den Dörrautomaten einlegen und Brote bei 70 °C 14–18 Stunden dörren. Nach etwa 4 Stunden Brote in ca. 1 cm dicke Scheiben schneiden und diese wieder auf die Dörrgitter legen, dann fertig trocknen.
3. Scheiben abgekühlt luftdicht verpacken und innerhalb von 1–2 Monaten verzehren.

# Pikante Maiscracker

**ZUTATEN**

2 Dosen Gemüsemais à 340 g (das entspricht ca. 520 g Maiskörnern)
100 g geschrotete Leinsamen
1 TL Currypulver
1 EL Paprikapulver, edelsüß
¼ TL Buntes Paprikapulver (siehe Seite 79), wenn vorhanden
2 TL Kümmel
2 TL Salz
2 EL Röstzwiebeln

1. Mais aus den Dosen in ein Sieb schütten und gut abtropfen lassen.
2. Leinsamen mit den Gewürzen im Mixer oder einer Gewürzmühle fein mahlen. Maiskörner und Röstzwiebeln zufügen und alles relativ fein mixen.
3. Die Dörrgitter mit Backpapier oder Dörrfolie auslegen und die Masse etwa 2 mm dick darauf auswalzen (einfach noch ein Blatt Backpapier auf die Masse geben und dann ausrollen).
4. Dörrgitter in den Dörrautomaten einlegen und Masse bei 70 °C 5–7 Stunden dörren, bis der Teig schön knusprig ist.
5. Teig in Stücke brechen und Cracker abgekühlt in mit Butterbrotpapier ausgelegte Dosen verpacken. Nach ein paar Tagen schmecken sie noch besser. Innerhalb von 1–2 Monaten verzehren.

# Zwiebelbrot

**ZUTATEN**

200 g Zwiebeln
150 g Karotten
50 g Vollkornhaferflocken
1 EL Paprikapulver, edelsüß
½ TL Salz
1 Prise Pfeffer

1. Zwiebeln und Karotten schälen und in Stücke schneiden.
2. Alle Zutaten in einem Mixer zu einer festen Masse mixen.
3. Teig herausnehmen und zwischen 2 Bogen Backpapier etwa 3–4 mm dünn ausrollen.
4. Den unteren Bogen Backpapier mit der Masse auf ein Dörrgitter legen und in den Dörrapparat geben. Teig bei 70 °C 3 Stunden dörren, dann den Fladen wenden, das Backpapier abziehen und Brot weitere 3–4 Stunden lang trocknen, bis es schön knusprig ist.
5. Abgekühlt in Stücke brechen und mit Reisbeutelchen in luftdichte Dosen geben. Brot trocken lagern und innerhalb von 1–2 Monaten verzehren.

# Leinsamencracker

**ZUTATEN**

50 g Leinsamen
30 g Sesam
10 g Hanfsamen
10 g Schwarzkümmelsamen
2 TL Honig
1 TL frisch gehackter Rosmarin
½ TL frisch gehackter Thymian
½ TL Kräutersalz
1 Prise Pfeffer

1. Leinsamen, Sesam und Hanfsamen 3 Stunden in einer Schüssel mit kaltem Wasser einweichen. Dann durch ein Sieb abgießen. Mit Schwarzkümmel, Honig, Kräutern und Gewürzen in eine Schüssel geben und mit dem Stabmixer grob pürieren.
2. Dörrgitter mit Backpapier auslegen, die Masse 4–5 mm dick darauf verteilen. Dörrgitter in den Dörrautomaten einlegen und Masse bei 65 °C
3. 8–10 Stunden trocknen, bis sie gut durchgetrocknet ist.
4. Teig in Stücke brechen, mit Reisbeutelchen abfüllen und Cracker innerhalb von 1–2 Monaten verzehren.

# Bärlauchknusper

**ZUTATEN**

100 g Cashewkerne
30 g Goldleinsamen
30 g Bärlauch
100 g Zwiebeln
¼ TL Salz (alternativ Bärlauchsalz, siehe Seite 75)
¼ TL Pfeffer
¼ TL frisch gem. Muskatnuss

1. Die Cashewkerne und den Leinsamen 1 Stunde lag in einer Schüssel mit kaltem Wasser einweichen, dann durch ein Sieb abgießen.
2. Bärlauch waschen, mit Küchenpapier trocken tupfen und fein hacken.
3. Zwiebeln schälen und ebenfalls fein hacken.
4. Alle Zutaten in einen Mixer geben, kurz hacken, dann zwischen 2 Blättern Backpapier etwa 3–4 mm dünn ausrollen.
5. Den unteren Bogen Backpapier mit der Masse auf ein Dörrgitter legen. Dörrgitter in den Dörrautomaten einlegen und Masse bei 65 °C 8–10 Stunden knusprig trocknen.
6. Teig abgekühlt in Stücke brechen, mit Reisbeutelchen luftdicht verpacken und trocken lagern. Innerhalb von 1–2 Monaten schmeckt das Knusper am besten.

# ENERGIE PUR: MÜSLIRIEGEL

Für den kleinen Hunger zwischendurch, statt Keksen und Kuchen zu Kaffee oder Tee oder als lang anhaltende Sattmacher eignen sich die folgenden gesunden Müsliriegel und Müslikekse bestens. Jede Menge Ballaststoffe, gesunde, ungesättigte Öle und Mineralstoffe machen sie zu einem tollen Snack und Energielieferanten bei Arbeit, Sport und Spiel. Sie sind auch ideal für die Schul- oder Kindergartenbrotzeit. Luftdicht in Schraubgläsern oder Dosen verpackt, halten sie sich mehrere Monate.

Wer keine Müsliriegelform hat oder eine größere Menge trocknen möchte, kann die feuchte Masse auf Dörrfolie, Backpapier oder Silikonmatten streichen (ca. 1–2 cm dick) und im Dörrautomaten trocknen. Nach etwa 4 Stunden Trocknungszeit werden die Riegel vorsichtig in die gewünschte Form geschnitten und dann nach Rezept fertig gedörrt. Wer Rohkostqualität haben möchte, dörrt die Riegel bei 40 °C etwa 20 Stunden. Das in den Nüssen und Saaten enthaltene Öl ranzt im Laufe der Zeit, daher sollte man die Riegel innerhalb von ein paar Wochen aufbrauchen.

Naschkatzen können die fertigen Müsliriegel nach dem Abkühlen noch mit etwas geschmolzener Schokolade besprenkeln.

# Frühstückshäufchen

## ZUTATEN

- 50 g Quinoaflocken
- 50 g Buchweizenflocken
- 20 g Chiasamen
- 100 g gehackte Mandeln
- 100 g gehackte Haselnüsse
- 70 g getr. Cranberrys oder andere Trockenfrüchte
- etwa 100 ml Ahornsirup (alternativ Dattelsirup)

1. Alle Zutaten bis auf den Sirup in einer Schüssel miteinander verrühren, dann den Sirup zugeben und alles zu einem klebrigen, formbaren Teig vermischen.
2. Aus dem Teig Häufchen mit 2 cm Durchmesser formen und diese auf die Dörrgitter setzen. Dörrgitter in den Dörrautomaten einlegen und die Häufchen bei 65 °C 6–8 Stunden trocknen, bis sie gut durchgetrocknet sind.
3. Innerhalb von 4–6 Wochen verbrauchen.

# Fruchtriegel

**ZUTATEN**

80 g getr. Äpfel, Birnen, Nashi-Birnen oder Beeren (siehe Seiten 32–35)
200 g reife Bananen (ohne Schale gewogen)
100 g Haferflocken
50 g ungeschwefelte Rosinen
1 EL Flohsamenschalen
100 g gem. oder gehackte Nüsse, z. B. Haselnüsse, Sonnenblumenkerne, Mandeln
1 EL Honig
1 Spritzer Zitronensaft

1. Das Trockenobst fein zerkleinern.
2. Die Bananen schälen und in Stücke schneiden. Mit dem Zitronensaft in eine Schüssel geben und mit dem Stabmixer pürieren.
3. Alle Zutaten bis auf die Bananen in einer Schüssel vermischen. Das Bananenmus zufügen und alles zu einem festen Teig verkneten. Bei Bedarf noch Haferflocken zufügen.
4. Teig in Riegelformen füllen und fest hineinpressen. Entweder Riegel sofort herausnehmen und auf die mit Dörrfolie oder Backpapier belegten Dörrgitter legen oder (wenn die Masse zu weich ist) mitsamt den Formen auf Dörrgitter stellen. (Nach etwa 4 Stunden Dörrzeit lassen sich die Riegel dann gut aus den Formen nehmen und fertig dörren, bis sie gut durchgetrocknet sind.)
5. Dörrgitter in den Dörrautomaten einlegen und Masse bei 55 °C 8–12 Stunden trocknen. Riegel trocken lagern und innerhalb von 4–6 Wochen verbrauchen.

# Sesamleckerei

**ZUTATEN**

75 g Sesam
125 g Sonnenblumenkerne
35 g Kokosraspel
125 g Honig

1. Sesam und Sonnenblumenkerne im Mixer fein mahlen. Kokosraspel und Honig zugeben und alles gut durchmischen.
2. Masse in Müsliformen drücken, diese auf ein Dörrgitter stellen und Masse bei 65 °C 8–10 Stunden trocknen. Nach der Hälfte der Zeit bzw. wenn die Riegel fest sind, Riegel aus den Formen nehmen und auf dem Gitter fertig dörren.
3. Riegel trocken lagern und innerhalb von 2 Monaten verbrauchen.

# Früchte-Powerriegel

**ZUTATEN**

100 g Vollkornhaferflocken
50 g ungesüßte Cornflakes
100 g Haselnüsse
30 g getr. Cranberrys
30 g getr. Aprikosen (alternativ getr. Ananas, siehe Seite 37)
20 g getr. Beeren (Erdbeeren, siehe Seite 41, Himbeeren, siehe Seite 35)
200 g Honig oder Agavendicksaft
1 EL Zitronensaft
nach Belieben 1 TL gehackte getr. Minze
40 g weiße Schokolade nach Belieben

1. Alle festen Zutaten bis auf die Schokolade grob zerkleinern und in einer Schüssel mit dem Honig, der Minze, wenn gewünscht, und dem Zitronensaft vermischen. Masse in Müsliriegelformen drücken.
2. Formen auf Dörrgitter stellen und Masse im Dörrapparat bei 55 °C 8–12 Stunden trocknen. Nach etwa 5 Stunden Riegel aus den Formen nehmen, sofern sie fest sind, wieder auf die Dörrgitter setzen und die restliche Zeit durchtrocknen.
3. Nach Belieben Schokolade in einer Schüssel im heißen Wasserbad schmelzen und in einen kleinen Spritzbeutel füllen. Schräg dünne Streifen auf die abgekühlten Riegel spritzen. Schokolade fest werden lassen.
4. Powerriegel trocken lagern und innerhalb von 4–6 (mit Schokolade 2–3) Wochen verbrauchen.

# Schokobananenriegel

**ZUTATEN**

200 g sehr reife Bananen
150 g Kokosraspel
20 g Kakaopulver, entölt

1. Die Bananen schälen, in Stücke schneiden und im Mixer pürieren. Kokosraspel und Kakaopulver untermischen.
2. Dörrgitter mit Dörrfolie oder Backpapier belegen, die Masse darauf etwa 5–7 mm dick aufstreichen. Dörrgitter in den Dörrautomaten einlegen und Masse bei 65 °C 8–12 Stunden trocknen, sie darf noch etwas biegsam sein.
3. Masse in Stücke schneiden, trocken lagern und innerhalb von 3–5 Wochen verzehren.

# Apricot-Brain-Bars

**ZUTATEN**

- 120 g getr. Aprikosen
- 50 g gem. Mandeln
- 20 g ungeschwefelte Rosinen
- 10 g gepuffter Amarant
- 40 g Kokosflocken
- 3 EL Bio-Kokosöl
- 2 EL Agavendicksaft oder Ahornsirup

1. Alle Zutaten in einem Mixer zu einer formbaren Paste mixen.
2. Masse in Müsliriegelformen drücken und diese auf die Dörrgitter setzen. Dörrgitter in den Dörrautomaten einlegen und Masse bei 50 °C 10–14 Stunden trocknen. Nach der Hälfte der Zeit die Riegel aus den Formen nehmen, auf Dörrgitter setzen und fertig trocknen.
3. Riegel trocken lagern und innerhalb von 2 Monaten verzehren.

# Feige-Apfel-Riegel

**ZUTATEN**

170 g Bio-Apfel
140 g getr. Feigen
25 g Pinienkerne
25 g Sesam
125 g gem. Mandeln
25 g geschrotete Leinsamen

1. Apfel waschen, entkernen und in Stücke schneiden. Mit den Feigen in den Mixer geben und fein zerkleinern. Die restlichen Zutaten zugeben und entweder nochmals durchmixen oder, wenn die Riegel etwas gröber sein sollen, nur untermischen.
2. Masse in Müsliriegelformen füllen, diese auf Dörrgitter stellen und Masse bei 70 °C im Dörrapparat 7–8 Stunden trocknen. Nach etwa 4 Stunden Riegel aus der Form nehmen, auf Dörrgitter setzen und weitertrocknen.
3. Riegel abgekühlt luftdicht verpacken und innerhalb von 3–5 Wochen verzehren.

# Mangoriegel

**ZUTATEN**

1 reife große Mango
2 EL Mandelmus
100 g 5-Korn-Flocken
10 g Weizenkleie
1 Prise Steinsalz ohne Zusatzstoffe

1. Mango schälen und das Fruchtfleisch in Stücken vom Kern abschneiden.
2. Alle Zutaten in einen Mixer geben und nicht zu fein zerkleinern.
3. Masse in Riegelformen pressen oder Riegel daraus formen (evtl. Teig erst 30 Minuten durchziehen lassen).
4. Formen oder Riegel auf ein Dörrgitter setzen und Masse im Dörrautomaten bei 50 °C 12–14 Stunden trocknen. Nach der Hälfte der Zeit Riegel aus den Formen nehmen, auf das Gitter setzen und fertig dörren.
5. Riegel trocken lagern und innerhalb von 2 Monaten verzehren.

# FEINES FÜR HUND, KATZE, HASE, MEERSCHWEINCHEN UND PFERD

Wer ein oder mehrere Haustiere hat, möchte natürlich auch diese gerne etwas verwöhnen. Da jeder nur das Beste für seinen Liebling haben möchte, wird das manchmal ganz schön teuer. Doch selbst gemachte Leckerchen lieben nicht nur die Tiere, sie schonen auch den Geldbeutel. Zudem ist dabei sicher, dass nur die in den Rezepten angegebenen Zutaten enthalten sind. Denn gerade bei Trockenfleisch und -fisch setzen Hersteller gerne Konservierungsstoffe, Duftstoffe und Feuchthaltemittel zu. In der DIY-Werkstatt können Sie darauf verzichten, denn Sie stellen lieber keine Riesenmengen her, verarbeiten nur frische Zutaten und trocknen bei Bedarf nach.

Leckerchen aus Schweinefleisch finden Sie im Folgenden nicht, da der für Hunde tödliche Aujeszky-Virus bei den niedrigen Temperaturen im Dörrgerät nicht abgetötet wird.

# Hühnchenleckerei

## ZUTATEN

800 g Hühnerbrustfilet

1. Das Hühnchenfleisch abwaschen und mit Küchenpapier trocken tupfen, dann in 5 mm dicke und 1–2 cm breite Stücke schneiden.
2. Dörrgitter mit Backpapier belegen und die Fleischstücke darauf nebeneinander verteilen. Dörrgitter in den Dörrautomaten einlegen und Fleisch bei 75 °C 5–6 Stunden durchtrocknen. Alternativ in 1 cm dicke und 1–2 cm lange Streifen schneiden, dann 7–10 Stunden bei 75 °C durchtrocknen. Die Streifen sollen knackig sein. Während des Trocknens die Gitter stündlich wechseln, wenn Sie einen Bodendörrautomaten haben. Alles muss komplett durchgetrocknet sein!
3. Abgekühlt mit Reisbeutelchen in Behälter geben, trocken lagern und innerhalb von 2 Monaten verbrauchen.
4. Nach Wunsch anschließend die Streifen mit einer Schere noch kleiner schneiden.

## Tipp:

Wegen der Salmonellengefahr bei Hühnerfleisch unbedingt sehr sauber arbeiten, nur ganz frisches Fleisch verwenden und die angegebene Temperatur einhalten.

# Fischhautleckerlis

**ZUTATEN**

abgezogene Haut von frischem Lachs, Forelle oder Saibling

1. Die Fischhaut mit möglichst wenig Fischfleisch daran abschneiden (das Messer muss dazu sehr scharf sein). Haut in Stücke schneiden und so auf die Dörrgitter verteilen, dass sich die Stücke nicht berühren. Dörrgitter in den Dörrautomaten einlegen und Haut bei 70–75 °C in etwa 4 Stunden knusprig dörren.
2. Herausnehmen und auf Küchenkrepp abkühlen lassen, überschüssiges Fett (vor allem beim Lachs) abtupfen. Bei Bedarf mit einer Schere Stücke noch kleiner schneiden.
3. In passenden Dosen oder Gläsern etwas Reis auf den Boden geben, die Haut einschichten und die Behälter luftdicht verschließen. Kühl, aber nicht im Kühlschrank, dunkel und unbedingt trocken lagern. Innerhalb von 4 Wochen verbrauchen.

**Tipp:**

Hunde und Katzen mögen diese Leckerchen sehr gerne. Am besten macht man sie, wenn man sich selbst Lachsfilets oder anderen Fisch gekauft hat und dann die Haut verwenden kann.

# Hunde-Trockengemüse

Besonders Barfer kaufen oftmals Gemüse getrocknet oder in Flockenform zum Untermischen zu. Dies kann man jedoch wunderbar selbst zubereiten. Die meisten Kohlsorten (Blumenkohl, Brokkoli, Weißkohl, aber auch Bohnen, Mangold, Kartoffeln) dürfen nur gekocht bzw. gedämpft gefüttert werden und hier deshalb nicht empfohlen. Knoblauch, Zwiebeln, scharfe Gemüse wie Rettich, Chili und Nachtschattengewächse wie Auberginen (es gibt Ausnahmen) dürfen Hunde nicht verzehren!

Je nachdem, wie gerne der Hund Gemüse mag, kann man ihm auch pulverisiertes getrocknetes Gemüse unter das Frischfutter mischen, so wird es meistens ohne Meckern gegessen. Manche Hunde mögen es sogar gerne zum Knabbern als Snack, dafür eignen sich dann Gemüsechips gut.

In der Regel werden die Flocken vor dem Essen eingeweicht. Je nach Alter und Aktivität bestehen zwischen 20 und 40 Prozent der Mahlzeit aus frischem Gemüse, getrocknet sind das dementsprechend auf 100 g Futter also 3–6 g Trockengemüse plus Einweichflüssigkeit (Wasser oder Brühe).

**Als Trockengemüse geeignet sind:**

- Chinakohl (wenig)
- Fenchel
- Gurke
- Hagebutten (Schalen und Kerne)
- Karotten
- Kürbis (Hokkaido, Butternut)
- Löwenzahnblätter (in Maßen)
- Paprikaschoten (nur rote und gelbe)
- Pastinaken
- Petersilienwurzeln (in Maßen)
- Rote Bete
- Salat
- Sellerie
- Spinat (in Maßen)
- Süßkartoffeln
- Topinambur
- Wildkräuter (in Maßen)
- Zucchini

**An Früchten besonders gut geeignet sind (in Maßen, maximal im Verhältnis 1 : 3 mit Gemüse):**

- Apfel
- Banane
- Kiwi
- Orange

Das entsprechende frische Gemüse (auch die Blätter kann man verwenden, wenn sie nicht gespritzt wurden) waschen, grob oder im Mixer fein zerkleinern und etwa 5 mm dick auf mit Backpapier oder Dörrfolie belegte Dörrgitter verteilen.

Dörrgitter in den Dörrautomaten einlegen und Gemüse bei 50 °C 12–20 Stunden (je nach Gerät und Größe der Gemüseteile) komplett trocken dörren. Nach Belieben anschließend pulverisieren.

Trockengemüse in Behältern mit mehreren Reisbeutelchen aufbewahren, damit keine Feuchtigkeit in das Dörrgut gelangt. So hält es sich 6–10 Monate.

# Leberkäks

**ZUTATEN**

200 g Rinder- oder Kalbsleber (keine Schweineleber!)
100 g Bio-Karotten
150 g Apfel
50 g Vollkornhaferflocken
1 EL Bio-Kokosöl
1 Prise Salz ohne Zusätze

1. Die Leber waschen, säubern und abtrocknen. Karotten und Apfel waschen, trocknen und in Stücke schneiden.
2. Alle Zutaten im Mixer pürieren. In Silikonformen pressen (je nach Größe des Hundes), diese auf Dörrgitter stellen und die Masse im Dörrautomaten bei 70 °C 8–10 Stunden trocknen. Nach der Hälfte der Zeit Teig aus den Formen drücken und auf den Gittern fertig trocknen.
3. Käks abgekühlt mit Reisbeutelchen verpacken, trocken, kühl und dunkel (nicht im Kühlschrank) lagern. Innerhalb von 2 Monaten aufbrauchen. Nur verfüttern, solange sie ganz trocken und fest sind.

**Tipp:**

Wer keine geeigneten Silikonformen hat, streicht die Masse 1 cm dick auf Backpapier und trocknet dies im Dörrapparat wie angegeben. Danach in hundgerechte Stücke zerteilen.

# Saiblingshäppchen (oder Forellenhäppchen)

**ZUTATEN**

200 g Filet vom frischen Saibling, Forelle oder Lachsforelle

1. Das Fischfilet waschen und abtrocknen.
2. Die Haut abziehen, wenn sie als Leckerchen weiterverarbeitet werden soll (siehe Seite 143).
3. Den Fisch dann in 3–4 mm dicke Streifen schneiden und diese auf die Dörrgitter verteilen. Dörrgitter in den Dörrautomaten einlegen und Fisch bei 70–75 °C 7 Stunden trocknen. Zwischendurch die Gitter öfter durchwechseln. Die Fischstreifen sollen komplett durchgetrocknet sein.
4. Fischstücke eventuell danach noch etwas zerkleinern. Abgekühlt abpacken und trocken und kühl (nicht im Kühlschrank) lagern. Bald verbrauchen.

## Tipp:

Hund und Katze lieben diese feinen getrockneten Fischleckerlis sehr, sogar mäkelige Esser mögen sie oft. Sie eignen sich sehr gut für zwischendurch und als Trainingshäppchen, sollten aber zügig verbraucht werden, daher immer nur kleine Mengen herstellen.
Sowohl Forelle als auch Saibling enthalten weniger Fett als Lachs und empfehlen sich daher auch für Tiere, die Fett nicht so gut vertragen.

# Getreidefreier Gemüse-Blätter-Mix für Hasen und Meerschweinchen

**ZUTATEN**

- 100 g Rote Bete
- 150 g Karotte
- 100 g Pastinake
- 150 g Fenchel
- 200 g Gurke oder Zucchini
- 50 g frischer oder 20 g getr. Breitwegerich
- 50 g frische Petersilie (nicht mehr als 5 % der Mischung)
- 100 g junge, frische oder 20 g getr. Haselnussblätter
- 50 g junge, frische oder 20 g getr. Birkenblätter
- 100 g frische oder 40 g getr. Himbeerblätter
- 50–100 g frische oder 20–40 g getr. Löwenzahnblätter (nicht mehr als 1–2 % der Mischung)
- 50 g frische oder 20 g getr. Ringelblumenblüten
- 50 g frische oder 20 g getr. Sonnenblumenblütenblätter
- 50 g frische oder 20 g getr. Kamillenblüten

1. Das Gemüse waschen und in 3 mm große Stücke schneiden. Frische Blätter grob zerkleinern.
2. Alle Zutaten in einer Schüssel vermischen und lose auf mit Backpapier oder Dörrfolie belegte Dörrgitter verteilen. Dörrgitter in den Dörrautomaten einlegen und Mischung bei 50 °C 12–14 Stunden ganz durchtrocknen.
3. Mit Reisbeutelchen in Behälter abfüllen. Innerhalb von 4–6 Monaten aufbrauchen.

## Tipp:

Die Zutaten können auch je nach Verfügbarkeit ausgetauscht werden. Geben Sie dieses Trockenfutter zusätzlich oder gemischt mit dem normalen Futter.

# Pferdehäppies

**ZUTATEN**

150 g Leinsamen
100 g Kürbiskerne
2 kg Äpfel
1 kg Karotten
100 g Vollkornhaferflocken nach Belieben
100 g Himbeerblätter
100 g frische oder 30 g getr. Ringelblumenblüten
300 g Löwenzahnblüten und -blätter

1. Leinsamen und Kürbiskerne 3 Stunden in einer Schüssel mit Wasser einweichen, dann durch ein Sieb abseihen.
2. Die Äpfel und die Karotten grob zerteilen, im Mixer fein zerkleinern und in eine Schüssel füllen.
3. Leinsamen, Kürbiskerne, Vollkornhaferflocken, wenn verwendet, Himbeerblätter, Ringelblumenblüten und Löwenzahn im Mixer grob zerkleinern und zum Apfel-Karotten-Mix geben. Gründlich durchmischen.
4. Die Mischung dann entweder 2–3 cm dick auf ein mit Backpapier belegtes Dörrgitter streichen oder in Silikonformen drücken (z. B. Pralinenformen) und diese auf Dörrgitter stellen.
5. Dörrgitter in den Dörrautomaten einlegen und Masse bei 50 °C etwa 20–28 Stunden durchtrocknen. Werden Formen verwendet, die Häppies, wenn sie fest sind, aus den Formen drücken und auf den Gittern fertig durchtrocknen lassen.
6. Krümel, die sich ablösen, einfach ins Futter mischen, ansonsten sind die Häppies zur gesunden Belohnung gedacht.
7. Innerhalb von 2 Monaten aufbrauchen.

# WEITERE VERWENDUNGSMÖGLICHKEITEN FÜR DEN DÖRRAPPARAT

Erfreulicherweise gibt es noch mehr Möglichkeiten, den Dörrautomaten einzusetzen. Manchmal ist allerdings ein Apparat notwendig, der von hinten belüftet wird, also nicht der typische Dörrschalenapparat, der von unten belüftet und erwärmt wird und keinen Trockenraum hat.

# Sauerteigbrot

## ZUTATEN

1 Päckchen Trockenhefe
600–650 ml lauwarmes Wasser
1 TL Zucker
450 g Roggenmehl Type 1150
200 g Dinkelmehl Type 630
45 g Leinsamen
2 TL Salz
1–2 TL Brotgewürz
1 Handvoll frisch gehackte oder
2 TL getr. Wildkräuter nach Belieben
75 g Sauerteigansatz (1 Beutel)
etwas Öl

1. Hefe mit 100 ml lauwarmem Wasser und dem Zucker in einer Tasse anrühren und 15 Minuten im Dörrapparat bei 30 °C oder zugedeckt an einem warmen Ort gehen lassen.
2. Mehl, Leinsamen, Salz, Brotgewürz und Kräuter, wenn verwendet, in einer Schüssel vermischen. Den Hefeansatz und den Sauerteig zugeben, mit dem Handrührgerät unterrühren, danach langsam das restliche Wasser zugießen und alles zu einem glatten Teig verkneten.
3. Eine Schüssel einölen, den Teig hineingeben und 2 Stunden im Dörrautomaten bei 35 °C gehen lassen (nicht abdecken).
4. Eine feuerfeste Form mit Wasser füllen und in den Backofen stellen. Den Backofen auf 190 °C Umluft vorheizen.
5. Den Teig zu einem Laib formen und diesen auf ein mit Backpapier belegtes Blech geben.
6. Das Brot im Ofen auf der 2. Schiene von unten 50–55 Minuten backen (je nach Ofen). Es ist fertig, wenn es hohl klingt, wenn man mit dem Daumenknöchel auf die Unterseite klopft.
7. Das Brot dann herausnehmen und auf einem Gitter abkühlen lassen.

# Süße Baisers mit Matcha

## ZUTATEN

6 Eiweiß, ganz frisch und kalt
1 Prise Salz
1 TL Matchapulver (alternativ Pfefferminzpulver, Erdbeerpulver etc.)
300 g Zucker

1. Eiweiß mit dem Salz in eine Schüssel geben und mit dem Handrührgerät steif schlagen.
2. Matchapulver und Zucker in einer Schüssel miteinander vermischen.
3. Löffelweise in den Eiweißschaum geben, dabei weiterschlagen, bis man die Masse schneiden kann.
4. Eischnee in Spritzbeutel füllen und Baisers auf mit Backpapier belegte Dörrgitter spritzen.
5. Dörrgitter in den Dörrautomaten einlegen und Baisers bei 70 °C 5–8 Stunden (je nach Größe) ganz durchtrocknen.
6. Trocken lagern und bald verbrauchen.

### Tipp:

In Bäckereien werden Baisers meistens in der Restwärme vom Brotbacken eher getrocknet als gebacken, so werden sie besonders lecker. Im Dörrapparat gelingen sie aber ebenfalls wunderbar, während sie im Backofen meist zu heiß sind und nicht gleichmäßig trocknen.

# Pflanzenfarbpulver

Pflanzenfarben sind sehr beliebt – ob zum Herstellen von Pflanzentinte, zum Einfärben von Naturwolle und Stoffen oder auch für selbst gemachte, dekorative Naturkosmetik und Seifen sowie Lebensmittel (z. B. Ostereier).

Je nach Zugabe von Säure (Essig oder Zitronensäure) oder Natron kann sich das Farbspektrum stark verändern. Oft stellt man bereits beim Schneiden der entsprechenden Pflanzen eine nicht immer gewünschte Färbung an den Händen oder der Kleidung fest. Einige Pflanzenfarben lösen sich gut in Öl, manche nur in Wasser oder Säure oder in einem basischen Milieu (Natron). In der Regel muss die Farbe in den Pflanzen aufgeschlossen werden, damit sie auch färbt, in Textilien wird sie nach dem Färben fixiert.

**Für Gelb und Orange:**
Kurkumapulver, Löwenzahnblütenpulver, Ringelblumenblütenpulver, Karottenpulver
**Für Rot:**
Rote-Beete-Pulver, Rotkohlpulver (mit Essig), Hibiskusblütenpulver, Granatapfelfruchtpulver
**Für Blau und Türkis:**
Hibiskusblütenpulver (nicht laugenstabil), Rotkohl (mit Natron)
**Für Violett:**
Holunderbeerpulver, Blaubeerpulver, Rotkohlpulver
**Für Grün:**
Spinatpulver, Petersilienpulver, Brennnesselpulver (relativ laugenstabil)
**Für Braun:**
Schwarzer Tee, Walnussblätter, Walnussschalen, Zwiebelschalen (orangebraun, rote Zwiebelschalen können auch grün färben)

# Brotchips

**ZUTATEN**

1 Baguette, 1 Tag alt
4 EL Olivenöl
1 gestr. TL Kräutersalz
½ TL Paprikapulver, edelsüß
½ TL Knoblauchpulver
1 Prise Pfeffer

1. Das Baguette quer in dünne Scheiben (2–4 mm) schneiden.
2. Aus dem Öl und den Gewürzen in einer Schüssel eine Marinade anrühren.
3. Die Brotscheiben auf Dörrgitter verteilen und dünn mit dem Kräuteröl einpinseln.
4. Dörrgitter in den Dörrautomaten einlegen und Brote bei 70 °C in 40–50 Minuten knusprig trocknen. Herausnehmen und genießen.

**Tipp:**

Zum Aufheben eignen sich die Chips nicht, da Öl verwendet wurde. Ohne Öl, nur mit etwas Gewürzmischung bestreut, kann man sie luftdicht verpackt mehrere Wochen lagern. Sie schmecken solo, als Suppeneinlage oder für Bruschetta (etwas dicker schneiden).

# Getrocknete Nudeln

**ZUTATEN FÜR 4 PORTIONEN**

300 g Mehl Type 00
3 Eier
½ TL Salz
2 EL Olivenöl

1. Alle Zutaten in eine Rührschüssel geben und mit dem Knethaken eines Handrührgeräts zu einem Nudelteig verkneten. Anschließend den Teig 10 Minuten mit den Händen kneten und zu einer Kugel formen. Die Kugel in Frischhaltefolie wickeln und ca. 30 Minuten ruhen lassen.
2. Den Teig auf einer bemehlten Arbeitsfläche dünn ausrollen und mit einem Messer in ca. 1 cm breite Bandnudeln schneiden. Die frischen Nudeln auf mit Backpapier oder Dörrfolie belegte Dörrgitter verteilen, sodass sie sich nicht berühren.
3. Dörrgitter in den Dörrautomaten einlegen und Nudeln je nach Dicke mehrere Stunden bei 60 °C trocknen. Haltbar mehrere Monate.

# Gedörrte Spätzle

## ZUTATEN

500 g Dinkelmehl Type 1050 (alternativ Type 630)
9 Eier (Größe M)
etwa 50 ml kaltes Mineralwasser oder Leitungswasser
1 TL Salz oder Kräutersalz
1 TL Salz für das Kochwasser
1 Prise Pfeffer
Spätzlehobel

1. Mehl in eine Rührschüssel sieben, Gewürze zugeben, mischen. Die Eier aufschlagen und nach und nach ins Mehl einrühren. So lange rühren, bis der Teig Blasen schlägt.
2. In der Zwischenzeit einen großen Kochtopf mit Wasser zum Kochen bringen, das restliche Salz zugeben. Mineralwasser in den Teig geben und nochmals durchmischen, sodass der Teig gerade noch reißend fließfähig ist. Den Teig dann portionsweise in den Spätzlehobel füllen und in das leicht kochende Wasser hobeln. Die Spätzle jeweils etwa 1 Minute lang aufkochen, dann mit einer Schöpfkelle herausheben und in kaltem Wasser kurz abschrecken, abseien. Mit dem restlichen Teig genauso weiterverfahren, bis er aufgebraucht ist.

Selbst gemachte Spätzle sind sehr lecker, doch immer relativ aufwendig herzustellen. Deshalb lohnt es sich, einfach mal die doppelte oder dreifache Menge zu machen und anschließend zu trocknen. Dazu die abgetropften Spätzle auf Dörrgitter legen, die mit Backpapier oder Dörrfolie abgedeckt wurden, und dann bei 60 °C 8–10 Stunden im Dörrautomaten trocknen.

Sie halten sich, trocken und dunkel gelagert, mehrere Monate (Reis oder Reisbeutelchen in die Behälter geben). Sie schmecken getrocknet auch zum Knabbern gut.

Vor der Verwendung dann einfach mit kochendem Wasser übergießen und 15 Minuten lang einweichen, danach in einer Pfanne mit Butter erhitzen oder in einer Auflaufform wie gewohnt überbacken.

### Tipp:

Besonders lecker sind die gedörrten Spätzle, wenn man sie vorher mit gehackten Kräutern wie Bärlauch, Rucola, Liebstöckel oder Petersilie würzt. Sie können auch mit Gemüsepulver wie Spargel-, Paprika- (siehe Seite 79) und Karottengrünpulver (siehe Seite 77) experimentieren.

# Joghurt im Dörrgerät herstellen

**ZUTATEN**

1 l Frischmilch, 3,5 % Fettgehalt
150 g Naturjoghurt, 3,5 % Fettgehalt (Milch und Joghurt sollten immer denselben Fettgehalt haben.)

1. Die Milch in einem Topf unter Rühren erhitzen, um unerwünschte Keime abzutöten, jedoch nicht kochen. Dann auf 42–45 °C (Thermometer) abkühlen lassen und den Joghurt mit dem Schneebesen gleichmäßig einrühren.
2. Den Joghurtansatz in sterile (ausgekochte) Gläser füllen. Gläser auf das unterste Gitter des Dörrautomaten stellen und bei 45 °C 6–7 Stunden erwärmen. Gläser herausnehmen, mit den Deckeln verschließen und Joghurt 12 Stunden im Kühlschrank ruhen lassen.
3. Joghurt im Kühlschrank lagern und innerhalb von 4–7 Tagen aufbrauchen. Am besten immer ausreichend Naturjoghurt aufbewahren und für die nächste Charge verwenden.

## Tipp:

Dörrgeräte sind ideal zum Herstellen von leckerem, gesundem Joghurt. Dafür benötigen Sie jedoch ein geeignetes Gerät, in das kleinere Gläser oder auch Schüsseln passen. Bei den von unten belüfteten Maschinen funktioniert das meistens nicht.
Sie können den Joghurt wunderbar mit frischen Kräutern, Früchten, Cerealien, Honig oder Agavendicksaft mischen oder auch pur genießen. Selbst gemachter Joghurt ist meist nicht so fest wie gekaufter und auch nicht so lange haltbar.

# Zutatenregister

# Bildnachweis

S. 10: shutterstock/xbrchx; S. 11: shutterstock/Vera NewSib; S. 12: shutterstock/Chamille White; S. 13: shutterstock/Strakovskaya, shutterstock/KarolyPow; S. 14: shutterstock/Sebastian Loewer; S. 15: shutterstock/5PH, Karl-Heinz Engler, shutterstock/Susan M Hall; S. 16: shutterstock/Neven Krcmarek; S. 17: shutterstock/Antonsov85, shutterstock/Maija Luomala; S. 18: Karl-Heinz Engler, shutterstock/tonytao, shutterstock/Gervele; S. 19: shutterstock/Nelly Syrotynska, shutterstock/Aybige Mert; S. 20: shutterstock/alinabuphoto, shutterstock/Wellnhofer Designs; S. 21: shutterstock/Tasha Cherkasova, shutterstock/Fotema; S. 22: shutterstock/Marcus Z-pics, shutterstock/Tsvetana Mir, Karl-Heinz Engler; S. 23: shutterstock/Dedi Cahyono Putro; S. 24: shutterstock/Mona Makela, shutterstock/White_Fox; S. 25: Karl-Heinz Engler, shutterstock/Ann1bel; S. 26: shutterstock/Jiri Hera; S. 27: shutterstock/ULD media, shutterstock/OlegDoroshin; S. 28: Karl-Heinz Engler; S. 29: shutterstock/Flena_13; S. 30: Karl-Heinz Engler; S. 31: shutterstock/Brent Hofacker, shutterstock/zi3000, Karl-Heinz Engler; S. 33: shutterstock/Sea Wave; S. 34: shutterstock/alisafarov; S. 35: shutterstock/Art_Pictures; S. 36: Karl-Heinz Engler; S. 37: Karl-Heinz Engler; S. 39: shutterstock/Brent Hofacker; S. 40: shutterstock/Krystyna Taran; S. 41: Karl-Heinz Engler; S. 42: shutterstock/Ermak Oksana; S. 43: Karl-Heinz Engler; S. 45: shutterstock/Matryoha; S. 46: shutterstock/Bearok; S. 47: shutterstock/vkuslandia, shutterstock/Daniel Zuber, shutterstock/NoirChocolate; S. 49: Karl-Heinz Engler; S. 51: Karl-Heinz Engler; S. 53: shutterstock/vkuslandia; S. 54: shutterstock/5PH; S. 55: Karl-Heinz Engler; S. 57: Karl-Heinz Engler; S. 59: Fotema; S. 61: Karl-Heinz Engler; S. 63: shutterstock/NoirChocolate; S. 64: shutterstock/Anastasia_Panait; S. 65: shutterstock/Rimma Bondarenko; S. 67: Karl-Heinz Engler; S. 69: shutterstock/Dar1930; S. 70: Karl-Heinz Engler; S. 72: Karl-Heinz Engler; S. 73: shutterstock/Honcha, shutterstock/Natalia Klenova, shutterstock/HandmadePictures; S. 74: Karl-Heinz Engler; S. 75: Karl-Heinz Engler; S. 76: Karl-Heinz Engler; S. 77: Karl-Heinz Engler; S. 78: Karl-Heinz Engler; S. 79: shutterstock/Chayata; S. 80: shutterstock/Honcha; S. 81: shutterstock/kazmulka; S. 82: shutterstock/HandmadePictures; S. 83: shutterstock/beats1, Karl-Heinz Engler, shutterstock/DronG; S. 85: shutterstock/Marian Weyo; S. 87: Karl-Heinz Engler; S. 89: shutterstock/DronG; S. 90: Karl-Heinz Engler; S. 91: shutterstock/Marcel Jancovic; S. 92: shutterstock/beats1; S. 94: shutterstock/Goskova Tatiana; S. 95: shutterstock/Ekaterina Kondratova, shutterstock/Foxys Forest Manufacture, shutterstock/Chamille White; S. 96: Karl-Heinz Engler; S. 98: Karl-Heinz Engler; S. 99: shutterstock/Ekaterina Kondratova; S. 100: shutterstock/Chamille White; S. 101: shutterstock/Alla Greeg; S. 102: Karl-Heinz Engler; S. 103: shutterstock/vi mart; S. 104: Karl-Heinz Engler; S. 107: Karl-Heinz Engler; S. 110: shutterstock/Alla Greeg; S. 111: Karl-Heinz Engler; S. 113: Karl-Heinz Engler; S. 114: Karl-Heinz Engler; S. 115: shutterstock/alisafarov; S. 121: Karl-Heinz Engler; S. 122: shutterstock/Seqoya; S. 124: Karl-Heinz Engler; S. 125: shutterstock/Sergey Fatin, shutterstock/eugena-klykova, Karl-Heinz Engler; S. 127: Karl-Heinz Engler; S. 128: Karl-Heinz Engler; S. 129: shutterstock/Sergey Fatin; S. 130: Karl-Heinz Engler; S. 131: shutterstock/nadianb; S. 132: shutterstock/Tijana Ilic; S. 133: shutterstock/SMarina; S. 135: shutterstock/DronG; S. 136: Karl-Heinz Engler; S. 137: Karl-Heinz Engler; S. 139: Karl-Heinz Engler; S. 140: shutterstock/Valentyn Volkov; S. 141: shutterstock/sergey0506; S. 142: Karl-Heinz Engler; S. 143: Karl-Heinz Engler; S. 144: shutterstock/alisafarov; S. 146: shutterstock/GSDesign; S 147: shutterstock/Robirensi; S. 148: shutterstock/Alex Emanuel Koch; S. 149: Karl-Heinz Engler, shutterstock/Kateryna Ovcharenko, shutterstock/Siim79; S. 151: Karl-Heinz Engler; shutterstock/Kateryna Ovcharenko; S. 153: shutterstock/kokonok; S. 154: Karl-Heinz Engler; S. 155: shutterstock/Siim79; S. 156: shutterstock/kathayut kongmanee

Auch als **E-Book** erhältlich

144 Seiten
12,99 € (D) | 13,40 € (A)
ISBN 978-3-7423-0312-7

Elisabeth Engler

**Die besten Hausmittel selbst gemacht**

Kräutermedizin, Wickel und Heilsalben für die ganze Familie

Schon unsere Großmütter haben auf die Kraft der Natur vertraut und wussten, dass man Erkältungen, Prellungen oder Hautprobleme am besten mit natürlichen Hausmitteln in den Griff bekommt. Denn Kräuter, Gewürze und sogar einfache Lebensmittel wie Zwiebeln, Kartoffeln und Karotten können bei vielen Beschwerden Linderung verschaffen oder Heilung bringen. Wie Sie solche Hausmittel ganz einfach herstellen und gegen welche Erkrankungen sie genutzt werden, wird in diesem Buch leicht verständlich und ausführlich beschrieben. Es beinhaltet hilfreiche Ratschläge und Rezepte für modern aufbereitete, altbewährte und auch neue Teemischungen, Kräuterweine, Elixiere, Massageöle, Heilsalben, Tinkturen und Kräuterauszüge, Umschläge und Wickel, vieles davon schnell und mit wenig Aufwand selbst gemacht sowie erfreulich preiswert.

riva

Auch als **E-Book** erhältlich

96 Seiten
9,99 € (D) | 10,30 € (A)
ISBN 978-3-7423-1126-9

Charly Till

**Die besten Aufstriche selbst gemacht**

75 herzhafte und süße Rezepte

Der Mensch lebt nicht vom Brot allein – er braucht dazu auch einen leckeren Aufstrich! Charly Till verrät in diesem Buch, wie Sie in wenigen Minuten die feinsten Aufstriche zaubern. 75 Rezepte für Fleisch-, Fisch- und Käseliebhaber sowie Vegetarier und Veganer sorgen für kulinarische Abwechslung und machen den Griff zum Fertigaufstrich überflüssig.
Ob Bruschettabelag, Röstpaprika-Aufstrich, Thunfisch-Avocado-Creme, Schafskäse-Vielerlei, Rote-Bete-Hummus, Chicken-Curry-Aufstrich, aromatisierte Butter oder Süßes wie Pistazien- oder Dattel-Maroni-Creme – die Rezepte gelingen immer und sind in Windeseile angerichtet.
Bereiten Sie der Eintönigkeit auf den Broten ein schmackhaftes Ende!

riva